Social
Plants·CluB™

Social
Plants•CluB™

취미는

식
물

프롤로그

식물과 함께하는 삶은 꽤나 낭만적입니다. 매일 아침 집에 있는 50여 개의 식물을 들여다보며 하루를 시작합니다. 햇살이 가득 들어오는 따뜻한 온실 작업실에서는 집에서 키우기 어려운 다양한 식물을 관리하며 그 노하우를 나눕니다. 플랜테리어를 의뢰받은 현장에서는 머릿속으로 그렸던 공간에 맞는 식물을 연출하죠. 일할 때 스트레스가 하나도 없는 건 아니지만, 늘 초록 식물에 둘러싸여 있는 만큼 때때로 초록 잎을 보며 멍하니 미소 짓는 순간이 찾아옵니다. 그 순간들이 제가 일을 계속할 수 있게 만드는 원동력이 되어요.

식물과 함께하는 삶의 아름다움을 이야기하면서도 사람들에게 식물을 키우라고 말하기가 괜한 부담을 주는 것은 아닐까 망설여지던 시기가 있었습니다. 우리 모두가 알고 있지만 간과하기 쉬운 부분이 '식물은 살아있는 생명체'라는 것이죠. 그렇기 때문에 식물을 구매한 순간부터 하나의 '책임'이 시작됩니다. 그냥 '식물'이라는 단어 대신 '반려 식물'이라 말하고, '구매한다'는 표현 대신 '입양한다'고 말하는 게 더욱 맞다고 생각한 이유는 '돌봄과 책임감' 때문이었어요. 그래서 식물과 함께하는 삶을 쉽게 권하는 게 조금 어렵게 느껴졌던 거죠.

그런데 몇 해 전부터 조금 달라졌습니다. 사람들에게 식물을 적극적으로 권하게 되었거든요. "식물 키우세요. 많이 키우세요. 제가 도와드릴게요"라고 말하면서 말이죠. 조금만 관심을 갖고 공부하면 재밌는 취미로, 식물과 함께하는 삶을 시작할 수 있다고 믿게 되었어요. 그래서 2020년, 『소셜플랜츠클럽』 페이퍼 발행을 시작했습니다. 어떤 식물이든 식물을 키울 땐 약간의 공부가 필요한 법인데 '어렵고 거창한 내용까지는 아니더라도 한 장의 페이퍼만 숙독하면 그 식물 정도는 잘 키울 수 있도록 도와줘야지'하는 마음으로 만들었습니다. 매호 하나의 식물을 선정해 그 식물이 가진 비하인드 스토리와 제가 키우면서 느낀 점, 잘 돌보는 방법과 노하우를 A3 크기의 종이 한 장에 자세히 담았습니다. 뒷면은 포스터로 활용할 수 있도록 아름다운 사진을 싣고요.

그렇게 하나둘 쌓인 『소셜플랜츠클럽』의 스무 가지 식물 이야기를 책으로 엮었습니다. 때로는 한정된 지면 때문에 간략하게 줄였던 내용까지 이 책에 모두 담았어요. 『소셜플랜츠클럽』에서 조금 더 다듬고 살을 붙인 이 책이 식집사분들의 반려 식물 생활에 도움이 되길, 많은 분의 '취미는 식물'이 되길 꿈꿔봅니다.

반려 식물을 위해 미리 알아두면 좋은 것들

마음의 안정을 위한 식물 키우기도 중요하지만 지속 가능한 내일을 위해서도 우리는 더 많은 식물과 함께할 필요가 있어요. 공간마다 실내 면적의 10% 정도의 식물이 있으면 여름엔 -1~3℃, 겨울엔 +1~3℃ 온·습도 조절이 가능합니다. 그뿐만 아니라 식물의 대사작용인 광합성 덕분에 건강한 산소까지 공급받을 수 있습니다. 기후 변화가 화두인 요즘 실내 냉난방 관리의 효율을 높이고 전자기기 가동률을 낮추는 방법 중의 하나가 식물을 키우는 것이라고 볼 수 있죠. 탄소 중립을 실천하는 가장 쉬운 방법이죠. 작은 식물 하나가 뭐 그리 큰 변화를 만들겠냐는 생각이 들 수도 있지만, 뭐든 작은 것에서부터 시작하는 법이니까요. 앞으로의 반려 식물 생활을 보다 쉽게 할 수 있도록 미리 알아 두면 좋은 이야기를 먼저 소개합니다.

1. 식물의 성장 환경

식물을 키울 때 빛, 물, 환기 등이 중요하다는 말은 한 번쯤 들어 보셨을 거예요. 그런데 그 요소가 식물의 성장에 어떤 역할을 하기에 중요한지 알고 계시나요? 그 역할을 이해하면 반려 식물을 더욱 잘 보살필 수 있습니다.

✧ Light

빛 빛은 식물이 성장하는 데 가장 중요한 요소입니다. 사람이 에너지를 얻기 위해 대사작용을 하듯이 식물도 대사작용을 하는데요, 그 대표적인 것이 바로 광합성입니다. 엽록소를 통해 광합성에 필요한 빛을 흡수하죠. 그러나 식물에 따라 필요한 빛의 양은 다릅니다. 뜨겁게 내리쬐는 직사광선을 그대로 받아야 하는 식물이 있는가 하면, 나무그늘에 가려진 어두운 곳의 빛으로도 충분한 식물이 있습니다. 그래서 반려 식물을 고를 때 식물이 놓일 위치에 들어오는 빛의 양을 먼저 파악하는 것이 중요합니다. 우리가 오해하기 쉬운 예로 '음지식물'이 있습니다. 음지에서 잘 자라는 식물이라고 생각해서 빛이 전혀 들어오지 않는 어두컴컴한 곳에 두는 경우가 있는데, 이는 삼가야 하는 관리법입니다. 어디서든 잘 자라는 산세비에리아나 고무나무도 간접광이 필요해요. 백열전구, 형광등, LED, 식물 조명 등 다양한 조명을 활용하면 실내에서도 잘 크는 식물이 많습니다.

이 책에서는 직접광이 필요해 남향 창가에 두어야 하는 식물은 direct, 창문에서 조금 떨어진 밝은 실내나 얇은 커튼으로 가려 조도를 조금 낮춰 두는 식물은 indirect, 저조도나 실내 조명으로 충분한 경우 low로 표시하였습니다.

💧 Water

물 물은 식물의 성장과 신진대사 등 생리학적 역할에 꼭 필요한 요소입니다. 무엇보다 식물의 잎과 줄기를 지탱할 힘을 주죠. 물주기는 키우는 공간의 환경에 따라 빈도와 방법이 달라지기 때문에 초반에 잘 살펴보는 것이 중요합니다. 집은 건조한 데 습한 환경을 선호하는 식물을 들였다면, 더 세심하게 돌보며 겉흙이 말랐을 때 물을 주고, 물 스프레이를 자주 분사하여 공중 습도를 높게 유지하세요. 물 주는 것을 자주 잊는 편이거나 장기간 집을 비울 때가 많다면, 다양한 도구를 활용해 말라 죽지 않도록 신경 써야 합니다. 삼투압 작용을 차용해 물을 담은 워터픽을 꽂아 두거나 면 끈의 양 끝을 각각 물통과 화분에 넣어 연결하는 장치를 마련해 식물이 목마르지 않도록 해두시는 것을 추천합니다.

Air
통풍과 환기 　　신선한 공기의 유입과 순환은 식물 관리에 중요한 요소입니다. 바람은 흙이 잘 마르도록 도와주고, 풍성한 잎 사이사이의 정체된 공기를 순환시켜 줍니다. 통풍이 원활한 환경이라도 화분 속 흙 상태를 수시로 체크하여 흙이 잘 마르는지, 축축한 상태가 오래 지속되진 않는지 살펴야 합니다. 때로 구석진 곳에 놓인 식물은 주변 공기가 정체되면 흙 속의 수분이 마르지 않아 뿌리와 줄기가 썩기도 합니다. 이러한 상황을 방지하려면, 선풍기나 서큘레이터를 활용해 공기의 순환을 도와주세요. 매일 환기하는 것이 가장 좋지만, 겨울의 찬 바람을 견디지 못하는 식물도 있기 때문에 반려 식물의 최저 생존 온도를 미리 알아 두는 것이 좋습니다. 겨울에는 창가에서 멀리 두되, 선풍기나 서큘레이터를 켜서 공기를 순환 시키고 추운 바람을 맞지 않도록 하면 충분합니다.

Temperature
온도　　사람이 쾌적하다고 느끼는 실내 온도는 18~25℃정도로, 대부분의 관엽식물이 잘 자라는 생육 적정 온도와 같습니다. 식물의 생육 최저 온도와 최고 온도 차는 보통 10~40℃사이에 있습니다. 대부분의 식물이 이 온도에서 버틸 수 있지만, 너무 낮은 온도나 높은 온도에 오래 노출되면 냉해를 입거나 익을 수 있기 때문에 날씨에 유의하며 온도 조절을 해줘야 합니다. 연식이 오래된 식물일수록 환경 적응력이 높은 편이고, 대부분의 묘목은 생육 적정 온도보다 더 높고 습한 환경을 만들어주면 좋습니다. 식물을 따뜻한 곳에 두고 식물 조명을 활용해 키우는 경우가 많지만, 밤에는 조금 춥고 어두워도 괜찮습니다. 식물이 실내에서도 자연스러운 계절 변화를 느낄 수 있으니까요.

● Soil

흙   흙은 식물의 뿌리를 보호하고 공기와 물, 영양분을 공급합니다. 또한 식물이 바로 서 있을 수 있도록 지탱하는 역할을 하죠. 식물의 종류별로 필요한 흙이 다른데, 가장 중요한 배양토는 식물집이나 인터넷을 통해 구매하는 것을 추천합니다. 식물에 필요한 영양분이 충분히 들어 있고, 멸균처리까지 되어 있으니까요. 하지만 유기물이 함유되어 있기 때문에 보관을 잘못하면 곰팡이나 벌레가 생기기도 합니다. 개봉 후에는 밀봉하지 않고 그대로 열어 안에 있는 수분이 날아갈 수 있도록 해주세요.

✢ Nutritional Supplements

영양제   기본적으로 식물에게 필요한 영양분은 흙이 제공하지만, 화분이라는 한정된 공간에서 자라는 식물은 약 1년이 지나면 흙 속 영양분을 거의 다 흡수한 상태가 됩니다. 이후에는 물에서 공급받는 영양소로 자라기 때문에, 이 시기부터 영양제(비료)를 주는 것이 좋아요. 영양제는 너무 과하면 오히려 식물을 죽게 만드는 원인이 될 수 있으므로 꼭 적정량을 체크한 후 사용하는 것을 추천합니다. 식물의 생장이 활발한 봄, 여름에는 보통 일주일에 한 번씩 1~2달간 꾸준히 영양제를 주세요. 반면, 겨울은 대체로 생장이 느리거나 멈추기 때문에 영양제를 주지 않아도 괜찮습니다.

O   Repotting

분갈이   이제 막 식물을 키우기 시작한 단계에서는 필수 요소가 아닙니다. 기존의 플라스틱 화분에서도 수개월간 잘 살 수 있고, 화분 커버를 활용하면 플라스틱 화분을 세련되게 연출할 수도 있어요. 하지만 어느 정도 식물이 크면 분갈이가 필요한 시기가 찾아옵니다. 분갈이는 배수 구멍이 있고, 기존 화분 보다 약 1.5~2배 정도 큰 화분을 사용하는 것이 좋습니다. 만약 기존 화분을 그대로 사용하고 싶다면, 포기나누기도 좋은 방법입니다.

2. 식물의 이름이 말해주는 것

오늘날 식물학자들은 스웨덴 식물학자인 '칼 폰 린네(Carl von Linne)'가 제시한 서열 단위를 식물의 분류 체계로 사용합니다. '계-문-강-목-과-속-종'으로 분류하는 방법인데요, 세계 공통으로 쓰이는 식물 이름은 라틴어를 사용해 '학명'이라 부르고, 학명은 분류 체계의 속명과 종명을 붙이는 이명법으로 사용합니다. 분류 체계를 잘 이해하면 학명만 찾아봐도 식물의 특성을 어느 정도 파악할 수 있어요. 분류 체계의 하위로 갈수록 점점 더 구체적인 분류군으로 정리되며, 마침내 식물 각각의 이름이 정해집니다. 앞으로 나올 스무 가지 식물 이야기에도 속명과 종명이 자주 등장해요. 특정 식물 종과 속을 소개하기도 하니, 미리 읽어 두면 식물을 이해하는 데 많은 도움이 될 거예요.

계(界, Kingdom)　　생물 분류의 가장 높은 단계로 식물계, 동물계, 균계처럼 한 계통을 통틀어 칭합니다. 이 책에서는 '식물계'로 시작됩니다.

문(門, Division)　　속씨식물, 겉씨식물과 같이 핵심 특징에 따라 식물을 구분합니다.

강(綱, Class)　　외떡잎식물, 쌍떡잎식물처럼 기관의 구조에 따른 근본적인 차이로 식물을 구분합니다.

목(目, Order)　　공통 선조에 따라 과(科, Family)를 한데 묶습니다.

과(科, Family)　　확실한 연관이 있는 식물들로 이루어집니다. 예를 들면 소나무과(Pinaceae), 장미과(Rosaceae)처럼요.

속(屬, Genus)　　비슷한 특징을 가진 밀접한 연관이 있는 종으로 이루어집니다. 예를 들어 장미과에는 91개 속이 있습니다.

종(種, Species)　　공통 특징을 가진 식물들로, 품종 개발을 위한 종-종 교배가 가능합니다. 예를 들어 장미과에는 91개 속 4,828종이 있습니다.

Social
Plants·CluB™

Monstera
16

Sansevieria
30

Tillandsia
46

Maranta
58

Scindapsus
72

Schefflera
86

Eucalyptus
100

Sophora
114

Phalaenopsis
126

Rhipsalis
140

Staghorn Fern
154

Peace Lily
168

Norfolk Island Pine
180

Lacy Tree
192

Parlour Palm
204

Sago Palm
218

Cactus
232

Olive
246

Ficus Umbellata
260

Dracaena
272

Monstera

몬
스
테
라

For your better life

몬
스
테
라

식물과 함께하는 삶에서 무엇보다 중요한 것은 '나도 식물을 잘 키울 수 있다'는 자신감을 얻는 거라고 생각합니다. 그래서 초보자도 쉽게 키울 수 있는 식물을 가장 먼저 소개하고 싶었어요. 플랜테리어 효과도 크고 존재감이 확실한 녀석으로요. 그 모든 조건을 충족하는 식물은 바로, '몬스테라'입니다.

몬스테라는 실내에서 키우기 쉬운 종류 가운데 가장 돋보이고 인기 많은 식물 중 하나입니다. 인스타그램에 해시태그 #monsteramonday로 검색해 보면, 전 세계 수만 명의 사람들이 올린 반려 몬스테라의 사진으로 그 인기를 실감할 수 있습니다. 독특한 이파리 모양에서 모티브를 얻어 패브릭이나 액세서리, 인테리어 소품 등 다양한 디자인 제품에도 활용되기 때문에, 몬스테라의 이름을 모르는 사람도 어디선가 한 번쯤은 봤음 직한 식물이에요. 이파리의 구멍 난 모양이 스위스의 대표적인 치즈 '에멘탈'을 닮아 해외에서는 'Swiss Cheese Plant'라고 부르기도 하고, 깊게 갈라진 모양 때문에 'Adam's Rib'이라고도 부릅니다.

몬스테라는 다양한 품종이 있습니다. 그중에서도 우리에게 가장 익숙한 모양의 몬스테라 속(屬) 대표 식물은 '델리시오사 Monstera Deliciosa'입니다. 이외에도 아단소니, 히메, 토에리 등 다양한 품종을 시중에서 쉽게 만나볼 수 있습니다. 요즘은 더욱 독특한 모양과 색상을 내세워 고가에 판매되는 희귀 품종이 많아요. 그마저도 없어서 못 사는 정도라고 하니 몬스테라의 인기가 엄청나죠?

이렇게 핫한 몬스테라가 불과 5~6년 전만 해도 한국에서 찾아보기 힘든 식물이었다는 사실을 아시나요? 해외 인테리어 잡지나 온라인 매체에서 쉽게 볼 수 있는 몬스테라를 한국에서는 도무지 구할 길이 없어 그 당시 얼마나 찾고 싶었는지 모릅니다. 어느 날, 친한 농장 사장님이 그러시더라고요. "70~80년대에는 우리나라에서도 몬스테라를 구할 수 있었는데, 기괴하고 너무 큰 모양이 '안 예뻐서' 찾는 사람들이 점점 줄어들었고, 재배 농가마저 축소되어 결국 국내에서 아예 사라져 버렸다"고요. 한때 찬

밥 신세였던 몬스테라가 40년 만에 주목받으며 다시 수입되고 있습니다. 몇 년 사이에 유행의 중심이 된 이 식물을 보고 있자니, '어떤 시각과 관점이냐에 따라 식물도 물건도 사람도 그 가치를 다르게 볼 수 있구나!'라는 생각이 새삼 들어요.

언젠가 마음이 여유로울 때 평소에 별로 예쁘다고 생각하지 않았던 주변 식물을 다시 한번 봐주세요. 차분히 식물을 마주하는 시간을 가지면 새로운 아름다움을 발견할 수 있을지도 몰라요. 식물을 향한 따스한 눈길과 다정한 손길이 여러분의 삶에 긍정적인 변화를 일으키게 될 것입니다.

Plant bio.
Monstera

몬스테라는 천남성과(Araceae)의 반덩굴성 식물로 열대 아메리카가 원산지입니다. 잎이 매우 크고 구멍이 뚫리거나 갈라져 있으며, 흰색이나 붉은색을 띠는 품종도 있습니다. 덩굴식물 중에는 크기가 큰 편에 속해 보통 화분 중앙에 지지대를 세워 끈으로 고정하며 키우는 경우가 많아요. 열대 아메리카에서는 바나나와 파인애플 섞은 향이 나는 몬스테라의 열매를 먹기도 합니다. 하지만, 아쉽게도 실내 재배의 경우 환경이 잘 갖춰지지 않아 꽃과 열매를 맺기 어렵습니다.

How to care Monstera

◈ **Light - Indirect**

빛　　몬스테라는 빛이 강하게 드는 곳보다 반양지에서 잘 자랍니다. 직사광선에 노출되면 매력적인 잎이 타버릴 수 있으니 주의하세요. 그렇다고 빛이 너무 들지 않거나 간접광이 없는 곳은 피해 주세요. 밝은 실내가 가장 좋아요. 식물의 생장을 위해 기본적인 빛은 꼭 필요합니다.

◈ **Temperature - 23~25℃**

온도　　몬스테라가 자라기 가장 좋은 온도는 23~25℃입니다. 한겨울에도 15℃이상 유지해 주는 것이 좋아요. 특히 겨울에는 창가에서 조금 떨어진 곳에 두고 물은 오전에 주세요. 물을 주고 나면 한동안 흙이 촉촉한 상태로 남아 있기 때문에 저녁에 줄 경우 온도가 낮아지는 밤 사이에 냉해를 입을 수도 있습니다.

💧　　　Water - Weekly

물　　　몬스테라는 비교적 건조에 강한 식물입니다. 물을 좋아하지만, 항상 촉촉하게 유지할 필요는 없어요. 손가락 한 마디를 흙 속에 넣어 흙이 묻어 나오지 않을 때, 물을 흠뻑 주세요. 보통 겨울에는 1~2주에 한 번, 여름에는 3~5일에 한 번 물주는 것이 적당합니다. 하지만 저마다의 재배 환경이 다를 테니 흙이 얼마나 자주 마르는지 먼저 체크해 주세요. 겨울밤에도 실내 온도가 따뜻한 편이라면, 물을 자주 주는 것이 좋습니다. 한 가지 더 팁이 있다면, 열대 및 아열대 원산지의 관엽식물들은 공중 습도를 잘 유지하면 훨씬 예쁘게 자라요. 집이 건조하다면 물 스프레이를 식물 주변에 자주 분사하거나 가습기를 활용해 보세요. 공중 습도가 높으면 잎끝이 마르지 않아 매력적인 식물의 모습을 오래 볼 수 있답니다.

🌬　　　Air - Important

환기　　　흙이 숨 쉴 수 있는 신선한 공기도 매우 중요합니다. 밀폐된 환경에서는 공기의 유입과 순환이 잘 이루어지지 않으므로 주기적으로 환기해 주세요. 최대한 자주 신선한 공기를 유입하고, 에어 서큘레이터나 선풍기를 이용해 실내 공기 순환을 촉진하면 더욱 좋습니다.

☺　　　Pet - Attention

반려동물　　　몬스테라는 미세먼지 흡착과 음이온 생성 능력이 뛰어나 가정에서 키우기 좋은 식물입니다. 하지만 어린아이나 반려동물이 몬스테라의 커다란 잎을 자꾸 입으로 가져간다면 집에 두지 않는 것을 권해요. 몬스테라에서 유해 물질이 나오는 것은 아니지만, 수액에 독성이 있기 때문입니다. 몬스테라의 수액이 피부에 닿으면 아주 드물지만 수포와 통증이 생길 수 있고, 섭취 시 구토와 두통을 유발할 수 있습니다.

5)

☞　　　Tip - Monstera
　　　　물꽂이 하기

몬스테라는 성장력이 좋아 빨리 크는 편이에요. 생각보다 훨씬 풍성해진 모습에 조금 부담스럽다면 숱을 고른다는 기분으로 '물꽂이'를 해보세요. 몬스테라는 이파리가 나오는 줄기마다 공중 뿌리가 있습니다. 때로는 공중 뿌리가 길게 자라기도 해요. 물꽂이 번식을 하고 싶을 때 공중 뿌리가 포함된 줄기를 잘라(사진1) 물에 닿는 부분의 잎을 제거한 다음 물에 꽂아주세요(사진2). 한두 달이 지나면 뿌리가 내립니다(사진3). 이때 보통 화분에 옮겨 심지만(사진4), 그대로 수경 재배하기도 해요. 몬스테라는 예민한 식물이 아니기 때문에 수경 재배 환경에서도 무난하게 키울 수 있습니다.

뿌리가 포함되어 있지 않은 이파리를 잘라도 괜찮아요(사진5). 꽃집에서 파는 초록 이파리도 이 부분을 자른답니다. 절화를 즐기듯이 예쁜 화병에 무심히 툭 꽂아주세요. 한 달은 충분히 감상할 수 있습니다.

언젠가 마음이 여유로울 때 평소에 별로 예쁘다고
생각하지 않았던 주변 식물을 다시 한번 봐주세요.
차분히 식물을 마주하는 시간을 가지면
새로운 아름다움을 발견할 수 있을지도 몰라요.

Sansevieria

산
세
비
에
리
아

자세히 보아야 예쁘다

산세비에리아

꽤 오랫동안 산세비에리아는 촌스럽고 흔한, 예쁘지 않은 식물이라고 생각했습니다. 공기정화식물로 유명하고 잘 죽지 않기 때문에 '그저 키우기 편해서' 선물용으로 많이 소비된다고 생각했죠. 일부 틀린 말은 아니지만, 키우기 쉽다는 장점이 부각된 나머지 심미적인 매력이 보이지 않았던 게 아닐까 싶어요. 나태주 시인의 '자세히 보아야 예쁘다'는 말처럼 산세비에리아를 찬찬히 들여다보고 있으면 매력이 하나둘 눈에 띄고 '우리 집에 한 개로는 안 되겠다' 싶은 생각이 절로 듭니다. 산세비에리아 속(屬) 식물은 다양한 품종이 시중에 많이 나와 있어 취향대로 고를 수 있습니다. 지금 저희 집에는 침실과 거실, 현관에 하나씩 자리 잡고 있어요.

공기정화로 유명한 몇 가지 식물 중에서도 산세비에리아는 꾸준히 사랑받는 식물입니다. 돌보기 어렵지 않고 관상 가치가 쉽게 떨어지지 않는다는 점이 가장 큰 이유라고 생각해요. 몇 년 전, '새집 증후군'이 화두가 되어 공기정화식물에 대한 관심이 높아지면서 공기정화 효과가 탁월한 산세비에리아의 인기도 덩달아 높아졌습니다. NASA의 연구 결과에 따르면, 산세비에리아는 포름알데히드, 자일렌, 톨루엔과 같은 일부 독소를 제거하는 능력이 뛰어나다고 해요.

영어로는 그 생김새가 단단하고 뽀족하면서 뱀피 무늬와 비슷해 'Snake Plant' 혹은 'Mother-In-Law's tongue'라고도 부릅니다. 흥미로운 건 '시어머니의 혀 mother-in-law's tongue'라고 불리는 이름인데요, 동서양을 막론하고 고부 갈등의 역사는 꽤나 깊은 듯하네요. 전통 유교 문화의 동양과 크게 다르지 않구나 싶고요.

산세비에리아의 '시어머니의 혀'라는 서양식 별칭을 보니 떠오르는 기억이 하나 있습니다. 대학을 막 졸업하고 국립 수목원에 인턴으로 있던 시절, 길가에 핀 잡초를 가리키며 한 선배가 "며느리밑씻개야"라고 알려줬습니다. 잘 보이진 않지만 줄기 전체에 갈고리 모양의 미세한 가시가 돋아난 이 식물은 스치기만 해도 까슬까슬한 느낌이 그대로 전해질 것 같았어요. '아무리 며느리가 밉기로서니 부드러운 잎 대신 가시가 촘촘히 박힌 걸로 밑을 닦게 하다니! 뭐 이런 이름이 있나' 싶어 충격 받았죠. 그 후 찾아보니 일본에서 '의붓자식의 밑씻개'라고 부르던 이름을 한국어로 번역하면서 '의붓자식'이 '며느리'로 달라진 거라고 하더라고요. 의붓자식이든 며느리든 보통 힘든 삶이 아니었겠지요. 이렇게 은유를 활용해 식물 이름을 짓는 것도 시대상을 반영한 위트 있는 표현이라는 생각이 듭니다.

Plant bio.
Sansevieria

산세비에리아는 아프리카 서부 내륙과 인도가 원산지입니다. 열대 사바나 지역인 이곳은 겨울은 건조하고 따뜻하며 여름에는 습하지만, 겨울과 여름의 기온차가 거의 없습니다. 연간 강수량은 500~1500mm로 여름에 집중되어 있으며 큰비가 내린 뒤 오랫동안 건기가 지속됩니다. 산세비에리아는 사바나 평원에 드물게 자리 잡은 나무들 아래에 땅속 뿌리줄기를 뻗으며 군락을 형성합니다. 비가 많이 내려도 물이 잘 빠지는 토양에서만 자라요.
집에서도 꽃을 피울 수 있지만, 항상 피는 것은 아닙니다. 아주 밝고 환한 어느 봄날, 꽃이 피었다면 그 순간을 충분히 즐겨주세요.

◇   **Light - Low**

빛   산세비에리아는 빛이 적은 그늘에서도 잘 견디지만 무럭무럭 잘 키우고 싶다면, 성장 속도를 높이기 위해 밝고 따뜻한 곳에 두는 것이 좋습니다. 하지만 직사광선은 피해야 합니다. 햇빛을 직접 받으면 잎이 탈 수도 있어요. 유리 창문처럼 한번 차광된 곳이나 밝은 실내를 좋아하지만, 그늘에서도 잘 견디고 건조한 환경에서도 강한 식물입니다.

◈   **Temperature - 21~30°C**

온도   생육 온도는 21~30℃가 적당합니다. 열대 식물이므로 겨울철에는 냉해를 입지 않게 주의해 주세요. 최저 5℃까지는 버틸 수 있지만, 10℃ 이상을 유지해 주는 것이 좋습니다.

💧　　Water - 2 weeks

물　　　산세비에리아는 잎에 물을 저장하는 식물입니다. 물을 너무 많이 주면 웃자라거나 물러버릴 수 있어요. 보통 여름에는 한 달에 두 번, 겨울에는 한 달에 한 번 정도가 물주기에 적당하지만, 환경에 따라 흙이 마르는 시간이 다를 테니 손가락을 흙 속에 넣어 흙이 바짝 말랐는지 확인한 다음 물 주는 것을 추천합니다. 물을 줄 때는 흙 전체가 골고루 젖을 수 있도록 천천히 부어 주세요. 가운데에만 많은 물이 들어가면 물이 오랫동안 고여 있다가 썩을 수도 있습니다.

༄　　Air - Important

환기　　　식물에게 빛과 물, 흙이 필요한 만큼 흙이 숨 쉴 수 있는 신선한 공기도 중요합니다. 밀폐된 실내 환경은 신선한 공기의 유입과 공기 순환이 잘 이루어지지 않으므로 주기적으로 환기해주세요.

☺　　Pet - Attention

반려동물　　　만약 반려동물이나 어린아이가 식물을 먹는 버릇이 있다면, 손이 닿지 않는 곳에 놓아두세요. 산세비에리아를 삼켰을 때 구토, 발진, 일시적인 후두염 등의 증상이 나타날 수 있습니다. 하지만 단순히 만지거나 키우는 것만으로는 전혀 유해하지 않습니다.

✱　　　　Propagation - Easy

번식　　　산세비에리아는 잎꽂이, 물꽂이, 포기 번식 모두 가능합니다. 잎꽂이의 경우, 잎을 10cm 내외로 잘라서 3일 정도 그늘에 말린 후 전체 길이의 약 1/3까지 흙에 심습니다. 흙에 심은 후 바로 물주기는 권장하지 않아요. 물은 일주일 후부터 줘도 좋습니다.

물꽂이는 잎꽂이 방식과 마찬가지로 잎끝을 말린 다음 물에 담가줍니다.

가장 쉽고 정확한 산세비에리아의 번식 방법은 포기나누기입니다. 산세비에리아를 키워 보신 분들은 왼쪽 사진처럼 작은 새순이 돋아나는 것을 보신 적이 있을 거예요. 땅속에서부터 줄기를 뻗으며 새순이 자라기 때문에 오래 키울수록 점점 더 많은 잎이 땅에서 나옵니다. 이때 바로 분리하지 말고 모체의 절반 정도 클 때까지 기다렸다가 5~6장 정도를 뽑아 새로운 화분에 옮겨 심으면 잘 자랍니다.

☞   Tip - Sansevieria

CAM(Crassulacean Acid Metabolism) 식물

산세비에리아는 대표적인 'CAM식물'입니다. CAM식물은 일반 식물과 다르게 낮에 기공(氣孔)♣을 닫고 밤에 엽니다.

사막처럼 건조한 기후에 사는 대부분의 식물이 여기 해당하는데요, 낮 기온이 매우 높고 건조한 사막에 일반 식물을 가져다 놓으면 금방 말라 죽겠죠? 이 식물들은 이런 환경에 적응하며 살아남기 위해 다른 방식의 호흡을 합니다. 수분 증발을 방지하고자 낮에는 기공을 닫고, 기온이 점차 낮아지면서 습도가 높아지는 밤에 기공을 열어 대사 작용에 필요한 이산화탄소를 흡수하는 것이죠. 아침이 오면 수분 증발을 막기 위해 다시 기공을 닫습니다.

CAM 식물의 밤 동안의 이산화탄소 흡수는 자는 동안 호흡하며 이산화탄소를 배출하는 우리들의 저녁 생활과 잘 맞는다고 볼 수 있죠. 게다가 관리하기도 쉽고 예민하지 않아 실내 어디에서도 잘 적응하는 고마운 식물이랍니다.

♣ 기공(氣孔) : 식물의 잎이나 줄기의 겉껍질에 있는, 숨쉬기와 증산 작용을 위한 구멍. 빛과 습도에 따라 여닫게 되어 있다.

산세비에리아와 스투키

요즘 어디서나 흔하게 볼 수 있는 식물 중 하나인 '스투키'를 모르는 분들은 거의 없을 거예요. 곧게 뻗은 줄기가 특징인 스투키 역시 산세비에리아의 한 품종이라는 사실, 아셨나요?

용설란과(Agavaceae) 산세비에리아 속(屬)에는 약 60여 종 이상의 품종이 있습니다. 국내에서도 다양한 품종의 산세비에리아를 만날 수 있는데요, 그중 통통하고 길쭉한 자태를 뽐내며 모양부터 확연히 다른 아이가 스투키입니다. 스투키의 정확한 학명은 '산세비에리아 스투키(Sansevieria Stuckyi)'예요.

산세비에리아 속 품종들은 대체로 관리하기 수월한데, 스투키는 난이도 1에 해당할 만큼 쉽게 키울 수 있어요. 굳이 단점을 찾는다면 잎끝이 잘 마른다는 정도일까요? 싱싱해 보이지 않다는 이유로 농장에서는 유통 시 잎끝에 초록색 페인트를 칠하기도 하는데, 스투키의 생장에는 전혀 무해할 만큼 강하고 튼튼한 녀석입니다.

그러니 집에서 스투키를 키우다가 잎끝이 조금 말랐다고 크게 상심할 필요는 없습니다. 스투키를 키우면서 마주하는 지극히 자연스러운 현상 중 하나이니까요. 줄기 중 한두 개만 말라 죽는 경우도 빈번히 발생하는데, 이때도 상심하지 말고 우선 그 줄기만 쏙 뽑아 제거해 주세요. 스투키는 줄기마다 각자의 뿌리를 내리고 있기 때문에, 오히려 새순이 자랄 수 있는 자리를 마련해 준다는 생각으로 말라 죽은 줄기를 정리하면 조금은 마음이 놓일 거예요.

Tillandsia

틸란드시아

이게 예쁘다고 생각해요?

틸란드시아

식물에도 유행이 있습니다. 처음 보는 생소한 식물일수록 이국적인 모습 덕분에 엄청난 유행을 몰고 오는데, '수염 틸란드시아'도 그러한 식물 중 하나입니다.
한때 많은 클라이언트가 이 식물을 활용한 공간 연출을 원했습니다. 수염 틸란드시아만의 몽환적이고 신비한 비주얼에서 뿜어 나오는 압도적인 무드가 있으니까요. 일반적으로 알려진 것보다 물을 더 자주 분사해야 하고 뚝뚝 떨어지는 물을 치워야 하는 등 관리가 쉽지 않다고 충분히 말씀드려도 원하는 분들이 많았어요. 그래서 관리 환경에 따라 때로는 조화를, 가능한 경우에는 생화를 사용하며 많은 공간 연출을 진행했습니다. 그중에서도 유독 기억에 남는 에피소드가 있어요.

클라이언트가 의뢰한 공간은 유행을 떠나 수염 틸란드시아를 키우는 환경에 적합했고 무드도 잘 어울리는 곳이었습니다. 수염 틸란드시아로 공간 연출 후 이 식물은 수개월 만에 두 배 가까이 자라는 눈부신 성장력을 보이며 많은 이의 포토스팟이 되었어요. 그 모습을 뿌듯하게 바라보며 현장에 있던 어느 날, "이게 예쁘다고 생각해요?"라는 질문을 덜컥 받았습니다. 같은 식물을 보며 누군가는 몽환적이고 이국적이라서 아름답다고 말할 때, 또 다른 누군가는 이를 다르게 볼 수도 있다는 것을 실감했죠. 수염 틸란드시아가 확실히 호불호가 나뉘는 비주얼을 가졌다는 것도 체감한 순간이었습니다.

몇 년 전 틸란드시아가 처음 수입됐을 당시, 수입사는 '미세먼지를 먹는 식물'이라고 소개했고, '물을 주지 않아도 잘 자라는, 공중 습도만으로도 충분한 식물'이라고 말했습니다. 실제로 많은 매스컴에서 이 식물을 언급할 때 비슷한 내용을 다뤘죠. 미세먼지가 한창 이슈이기도 했고, 식물답지 않은 독특한 모습 덕분에 수염 틸란드시아는 세간의 주목을 받으며 단숨에 스타가 되었습니다.

그런데 말이에요, 미세먼지가 한창 기승을 부리던 그 시절 누구나 한 번쯤 구매해 봤을 이 식물을 아직도 잘 키우고 계신 분들이 얼마나 있을까요? 장담컨대 그때 구입한 수염 틸란드시아의 8~90%는 바짝 말라버렸을 거예요. 어떻게 확신하냐고요? 물을 주지 않아도 수염 틸란드시아가 잘 자랄 수 있는 환경은 우리나라가 아닌 '원산지'에서만이니까요.

수염 틸란드시아의 원산지인 남아메리카는 우리나라와 완연히 다른 기후를 가지고 있습니다. 물론, 남아메리카 내에도 건조한 지역이 있을 테고 수염 틸란드시아는 CAM Crassulacean Acid Metabolism 식물이기 때문에 습한 환경이 아니어도 괜찮다고 생각하는 분들도 있겠지만, 이 식물의 경우 남아메리카의 고온 다습한 아마존 우림에서 자생합니다.

실제로 아마존에서 수염 틸란드시아는 '먼지 같은 존재'라고 부를 만큼 흔하다고 해요. '먼지 같은 존재'라는 표현에는 은백색의 줄기 모양도 한몫하는 것 같아요. 신경 쓰지 않아도 알아서 잘 자라는 왕성하고 빠른 성장 속도와 강한 생명력도 의미하고요. 아무쪼록 밀림에 흔하게 널려 있는 식물을 끌어다가 비싼 돈을 주고 사서 키우는 우리를 보면 주민들은 의아할 겁니다.

수염 틸란드시아는 "이거 미세먼지 먹는 식물이야"라고 말하며 누구나 쉽게 알아볼 만큼 대중적인 인지도를 가진 식물이 되었습니다. 원산지와 비교했을 때 건조한 환경의 우리나라에서는 수염 틸란드시아를 잘 키우기 위해 1~3일에 한 번 물 샤워를 시켜주거나 물에 담갔다 빼

쥐야 합니다. 우리나라에서는 말라 버리기 쉽고 물주는 횟수가 잦은 것이 부담스러워서인지 예전만큼 인기 있진 않지만, 그래도 꾸준히 찾는 분들이 많은 식물이에요. 이 식물은 새로운 종이 수입될 때마다 직접 먼저 키워보고 손님들에게 소개해야겠다고 다짐하는 계기를 만들어 주었어요. 직접 키우며 터득한 관리 방법이 가장 정확하니까요. 저 역시 수입사와 농장에서 들은 조언만 믿고 많은 식물을 떠나보냈습니다. 물론 수십 년 동안 식물을 유통해 오신 분들이기 때문에 항상 배우며 숨은 노하우를 공유 받지만, 수입된 지 얼마 안 된 식물이라면 직접 키워보는 게 그 식물에 대해 가장 잘아는 길이더라고요.

당연히 모든 식물에 절대적인 관리법은 없습니다. 식물이 놓이는 환경에 따라 모든 것이 달라진다는 것을 자주 경험하고 보니 최소 두 계절은 보낸 다음(일 년 정도 두고 보는 경우도 많습니다), 손님들에게 권하고 있어요.

수염 틸란드시아의 꽃

Plant bio.
Tillandsia

수염 틸란드시아는 파인애플목(目) 파인애플과의 착생식물로 나무 둥치 등에 붙어서 자랍니다. 뿌리가 있지만 오로지 착생 용도로 사용하기 때문에 모두 잘라내도 상관없습니다. 줄기와 비슷하게 생겨 구분이 쉽지 않지만 자세히 들여다보면 좀 더 마른 듯하게 생긴 부분이 뿌리입니다. 뿌리는 영양 흡수 용도로 사용되지 않기 때문에 기생식물은 아닙니다. 틸란드시아 속(屬) 식물들은 잎에 미세한 솜털 '트리콤(Trichomes)'이 있는데요, 이를 통해 공기 중의 유기물과 수분을 흡수합니다. 트리콤은 긁힘이나 충격에 쉽게 벗겨지고 한번 벗겨지면 재생되지 않기 때문에 처음부터 조심히 다루는 것이 좋습니다.

틸란드시아의 원산지는 멕시코 등 남아메리카 지역 및 북아메리카 남동부에 널리 분포되어 있습니다. 주요 생산지로 태국이 가장 유명하며 우리나라에 수입되는 대부분의 틸란드시아도 태국산입니다.

How to care
Tillandsia

◇　　　**Light - Indirect**

빛　　　열대 우림의 나무 둥치에서 착생하는 식물인 틸란드시아는 높은 나무에 둘러싸여 있어 직사광선을 바로 받지 못합니다. 반그늘에서도 잘 자라므로 일반적인 실내 광도도 충분하지만, 밝은 곳에서 성장 속도가 더 빠릅니다.

◈　　　**Temperature - 21~25°C**

온도　　겨울에는 13℃이상 유지해 주는 것이 좋지만, 7℃까지의 추위는 버티는 편입니다. 아마존 일부 지역에서도 간혹 안데스산맥을 따라 불어오는 남극의 찬 공기로 인해 기온이 뚝 떨어지는 현상인 '프리아젬(Friagem)'이 발생하는데, 이때도 큰 해를 입지 않고 넘기는 편이거든요. 갑자기 추워졌다고 바로 죽진 않지만, 가능하면 13℃이상은 항상 유지해 주세요. 생명력이 질긴 편이며 생육 적정 온도는 21~25℃입니다.

💧   Water - 2~4 Days

물   스프레이는 분사량이 적기 때문에 충분하지 않아서, 평소 물 샤워를 자주 해주는 것이 좋습니다. 샤워기로 흠뻑 적셔주거나 물에 한 시간 정도 담갔다가 빼는 것을 추천합니다. 이틀에 한 번 물을 주면 마르지 않고 건강하게 자랄 거예요. 좀 말랐을 때도 물을 주면 다시 새잎이 나올 테니 걱정하지 않아도 됩니다. 물관리만 잘해주고 환기까지 잘 되면 빠른 성장 속도로 몇 개월 만에 길이가 부쩍 늘어난 모습을 볼 수 있습니다.

☙   Air - Important

환기   수염 틸란드시아는 수분 공급과 더불어 통풍도 잘 해야 합니다. 우리나라에서는 주로 코코넛이나 철사에 뭉치로 걸어 판매하는데, 집에서 키울 때는 옷걸이나 철사 등을 활용해 넓게 펼쳐주는 것이 좋습니다. 지나치게 뭉쳐 있으면 중앙에 공기가 통하지 않아서 썩기 쉬워요. 만약 펼쳐 놓기 어렵다면 물을 준 후 속까지 공기가 잘 통하도록 만져주는 것이 좋습니다.

☺   Pet - Friendly!

반려동물   식물 자체에는 독성이 없지만, 섭취 시 위나 장을 자극해 구토를 유발할 수 있으니 주의해 주세요. 만약 반려동물이 섭취했을 경우 구토 증상이 없다면 걱정하지 않아도 괜찮습니다.

✺   Propagation - Easy

번식   수염 틸란드시아의 신기한 점은 길게 자란 줄기를 뚝 잘라도 잘린 부분도 잘려 나간 부분도 모두 잘 자란다는 거예요. 그래서 잘 돌보기만 하면 무한대로 개수를 늘릴 수 있는 식물이기도 합니다. 완전히 말라버린 것 같아도 그냥 버리지 마세요. 다시 물을 주면 말라비틀어진 줄기에서도 새잎이 난답니다.

☞   Tip - Tillandsia

수염 틸란드시아를 내가 원하는 곳에 놓고 싶은데 물주기 때문에 고민이라면, '조화'를 활용하는 것도 방법입니다. 생화 연출을 주로 하지만, 의류 브랜드 매장에서는 조화를 활용해 자연스럽게 연출합니다. 공중 식물 특성상 식물에 물을 주면 의류, 벽지, 패브릭 등이 젖거나 상품 훼손으로 이어질 위험이 높기 때문에 조화를 사용하는 것이죠. 수염 틸란드시아는 다양한 색과 크기의 조화가 있어 식물의 기능적인 효과는 포기하더라도 조화를 활용하면 심미 효과만큼은 확실하게 얻을 수 있습니다.

Maranta

마
란
타

조화예요?

마란타

마치 물감으로 그린 듯한 잎사귀를 가진 이 식물은 '마란타 레우코네우라Maranta Leuconeura'입니다. 마란타 속(屬)에는 여러 종류가 있지만 국내에서 자주 볼 수 있는 마란타는 대부분 이 품종이에요. 보편적인 식물의 잎과 다르게 화려한 색감이 더해져 손님들이 꼭 한 번씩 '조화예요?'라고 묻곤 합니다. 저 역시 마란타를 처음 보았을 때 받았던 강렬한 인상이 아직도 뇌리에 박혀 있어요.

사실 처음에는 잘 키우지 못했습니다. 지금 돌보고 있는 마란타도 마찬가지지만, 신경 써서 스프레이를 뿌려주지 않으면 잎끝이 금세 마르고 심지어 돌돌 말린 채 말라버리기도 했어요. 이런 특징을 가진 식물이 또 하나 있습니다. 바로 칼라데아Calathea 속(屬) 식물입니다. 화려한 잎

무늬로 눈길을 끄는 것은 물론, 관리 방법도 마란타와 비슷해요. 순위를 매길 수 없을 만큼 많은 식물을 좋아하지만, 마란타와 칼라데아 같은 품종은 잎이 가진 이색적인 모양이 더욱 매력적으로 느껴져요. 마란타과에 속하는 두 식물은 형태와 특성이 매우 닮았기 때문에 원예에서는 따로 구별하지 않습니다. 실내 식물로 유통되는 칼라데아의 종류가 더 많아서 화훼 시장분들은 마란타를 칼라데아의 한 종류로 알고 계시는 경우도 있지만, 식물학적으로는 엄연히 다른 속입니다.

한편, 마란타 속과 칼라데아 식물은 'Prayer Plant'라고도 불립니다. 직역하면 '기도하는 식물'이라는 뜻인데요, 낮에는 잎이 평평하게 펼쳐져 있다가 밤이 되면 기도하는 손처럼 잎을 모아 세우기 때문에 붙여진 이름입니다. 해시태그 #prayerplant로 검색하면 식물의 독특한 움직임을 타임랩스로 찍어 놓은 동영상을 꽤 많이 발견할 수 있습니다. 빛이 지나치게 밝은 곳에서는 평평해지다 못해 뒤로 눕기도 해요.

두 식물은 관리가 쉬운 듯하면서도 어려운 편으로 습도와 온도 조절에 주의해야 합니다. 몇 년간 경험해 보니 칼라데아보다는 마란타, 특히 '마란타 레우코네우라'가 키우기 수월하다고 느꼈습니다. 칼라데아는 마란타보다 잎이 더 빨리 마르고 예민하거든요. 일주일에 한두 번 물을 줬더니 자라는 속도가 더딘 이 식물도 조금씩 성장하는 게 눈에 보이기 시작했습니다.

길게 자라는 식물이기에 행잉 플랜트로 연출하는 것도 좋지만, 물 주기 어렵다면 일반 화분에 심어 눈에 잘 띄는 곳에 두세요. 가까이 두고 자주 살펴야 식물은 더 예쁘게 자라니까요. 공중 습도에 예민하기 때문에 화분 옆에 스프레이를 두고 생각날 때마다 물을 뿌려주면 아름다운 잎을 오래 감상할 수 있습니다. 혹여나 잎끝이 말랐다고 아프거나 죽었다고 속단하지 마세요. 다만 이 아이에게 환경이 조금 건조할 뿐입니다. 그럴 때 스프레이나 가습기를 사용하면 어렵게만 느껴지는 마란타 키우기도 한결 수월해질 거예요.

Plant bio.
Maranta

마란타는 마란타과(Marantaceae) 마란타 속(屬) 식물을 통틀어 이르는 말입니다. 전 세계적으로 약 4~50여 종이 있고, 그중 약 20여 종이 남아메리카에 자생합니다. 속명의 마란타(Maranta)는 식물 명명법, 종 식별법, 식물 약리학에 대한 지식을 체계화한 16세기 이탈리아의 의사 겸 식물학자 '바르톨로메오 마란타(Bartolomeo Maranta)'를 기리기 위해 이름 붙였다고 합니다.

마란타는 주로 자생지의 나무 그늘 아래에서 발견됩니다. 브라질의 열대 우림처럼 기온이 낮지 않고 습하며 차광된 곳이죠. 덩굴식물이라 길이가 길어지지만, 덩굴손이 없어서 나무나 바위를 타고 올라가지는 않습니다.

How to care
Maranta

◇ **Light - Indirect**

빛　　브라질의 열대 우림이 원산지인 마란타는 간접광과 약간 높은 습도만 유지하면 잘 자랍니다. 가정에서 키우는 마란타 잎의 색이 바랬거나 무늬가 선명하지 않다면 직사광선 혹은 너무 강한 빛을 받았을 수도 있어요. 그렇다고 너무 어두운 곳으로 갑자기 옮기는 건 좋지 않아요. 직사광선이 아닌 유리창을 통해 한번 차단된 간접광이 있다면 실내 어디든 괜찮습니다.

◈ **Temperature - 21~27°C**

온도　　마란타는 추위에 약하니 겨울에도 15℃이상 온도를 유지해주세요. 생육 적정 온도는 21~27℃로 35℃이상의 고온일 때는 에어컨이나 선풍기로 온도를 낮춰주는 것이 좋지만, 사실 그렇지 않아도 여름은 잘 버티는 편입니다.

💧　　　　Water - 2~4 Days

물　　　더운 여름에는 주 2~3회, 겨울에는 주 1~2회 정도로 물을 자주 줘야 합니다. 물을 줄 때는 흙을 먼저 체크하세요. 흙이 축축한 상태로 있는 것은 좋지 않으므로 겉흙이 말랐을 때 충분히 주는 것을 추천합니다. 한편, 마란타는 꽤 높은 공중 습도를 요하는 식물입니다. 대부분의 실내 환경이 마란타에게 건조하게 느껴질 가능성이 높으므로 잎에 물 스프레이를 자주 분사하거나 가습기를 켜주세요. 잎끝이 마르고 잎 전체가 돌돌 말린 채 말라 버리는 상황을 방지할 수 있습니다.

෪　　　　Air - Important

환기　　　모든 식물이 그렇듯이 마란타도 환기가 중요합니다. 물을 자주 줘야 하므로 신경 쓰지 않으면 오히려 과습 상태로 방치하기 쉬워요. 특히 더운 여름에 흙이 계속 축축한 상태로 있으면 벌레가 생기기 쉽습니다. 흙 상태를 자주 체크하고, 창문을 열어 환기해도 충분하지 않을 땐 선풍기를 쐬어주는 것도 식물을 건강하게 키우는 방법입니다.

☺　　　　Pet - Friendly!

반려동물　　　마란타는 독성이 없어 어린이와 반려동물에게 유해하지 않습니다. 식물 자체는 독성이 없지만, 옆으로 길게 늘어지며 자라는 식물인 만큼 아이와 반려동물이 지나다니다 건드릴 가능성이 높아요. 화분이 깨지거나 흙이 쏟아지는 일을 막으려면 아이들의 손이 닿지 않는 곳에 놓는 게 좋겠죠?

✳   Propagation - Easy

번식　　마란타는 자주 분갈이할 필요가 없습니다. 분갈이 시 기존 화분보다 약 1.2~1.5배 큰 화분에 옮기고, 영양분이 많은 양질의 상토를 사용합니다. 얇은 실뿌리는 과감히 잘라내고 묵은 흙은 털어 주세요. 이때 포기나누기를 하면 여러 개의 마란타 화분을 만들 수 있습니다. 더 쉬운 번식 방법은 물꽂이입니다. 줄기를 잘라 아래쪽 잎을 두 장 정도 떼어내고 화병에 담가두면 금세 뿌리가 납니다. 뿌리가 조금 튼튼해질 때까지 기다렸다가 화분에 옮겨 심으면 또 하나의 마란타 화분이 생깁니다. 수분 관리만 잘하면 돌보기 어렵지 않은 식물이니 가까운 지인들에게 직접 키운 애정 어린 식물을 분양해 주는 것도 좋은 선물이 될 거예요.

공중 습도가 낮으면 잎 끝이 마릅니다.

마란타는 독성이 없습니다. 실수로 어린아이나 반려동물이
섭취했더라도 너무 걱정마세요. 하지만, 계속 식물을 뜯어먹는
버릇이 있다면 단호하게 교육시켜주세요. 나중에 독성이 있는
식물의 이파리도 뜯어먹으려고 할지도 모르니까요.

Scindapsus

스 킨 답 서 스

악마의 아이비

스킨답서스

다섯 번째 챕터의 주인공은 '스킨답서스'입니다. 소셜플랜츠클럽에서 소개할 식물 순서를 정할 때 다섯 번째 안에는 들어가야 한다고 생각한 식물이죠. 제가 생각하는 스킨답서스의 이미지는 이렇습니다. 너무 흔하기 때문에 보통 사람들은 딱히 좋아하지도 싫어하지도 않는, 그냥 '배경' 같은 식물. 요즘 유행하는 식물들과는 거리가 멀지만, 식물을 처음 키우는 초보부터 고수까지 누구에게나 두루두루 강력 추천할 수 있는, 그리고 역시나 제가 너무도 좋아하는 식물. 그래서인지 저희 집 침실과 거실, 욕실, 책장까지 모두 자리한 아이입니다. 조금 흔해서 그동안 예쁜지 잘 몰랐다면, 지금부터 다시 한번 살펴보시길 추천해요. 한번 빠지면 헤어 나올 수 없는 식물입니다.

가장 좋은 점을 꼽자면 단연 '웬만하면 죽지 않는다'는 것입니다. 다른 식물 이야기를 보면 아시겠지만, 식물을 키울 때는 물 외에도 빛과 환기, 온도가 아주 중요합니다. 그런데 스킨답서스는 거짓말 조금 보태면, 정말 '물'만 잘 주면 무럭무럭 자라는 고마운 아이에요. 창문이 없는 지하에서도 형광등 불빛만 있다면 광합성을 하고 웬만큼 습하거나 건조한 환경에서도 무리 없이 견뎌줍니다. 다른 식물에 비해 빛과 환기, 온도에 덜 민감하다는 말은 어디서든 잘 자라는 강한 생명력을 가지고 있다는 뜻입니다.

그 어마어마한 생명력 덕분에 탄생한 이름이 바로, 'Devil's Ivy'입니다. '악마의 아이비'라는 뜻이죠. 어두운 곳에서도 싱그러운 초록 잎을 독하게(?) 유지한다는 점, 절대 쉽게 죽지 않는다는 점 때문에 얻은 역설적인 이름이에요. 두 번째로 많이 쓰이는 영어 이름은 'Money Plant'입니다. 끈질긴 생명력과 함께, 조금만 신경쓰면 금방 풍성해지는 스킨답서스처럼 '키우는 동안에 절대로 돈 부족할 일 없이 풍요롭게 될 것'이라는 믿음에서 유래했다고 해요. 그러니 혹시 지금 주변에 스킨답서스가 없다면 당장 키워보는 것도 좋겠습니다.

스킨답서스는 자세히 살펴보면 반질반질한 잎의 하트 모양도 아주 매력적입니다. 초록색, 형광 연두색, 백색 등 다양한 색과 무늬의 품종들이 있고, 덩굴성으로 길게 늘어나며 자라기 때문에 행잉 바스켓으로 많이 연출합니다. 지지대를 사용해 위로 자라도록 잡아주기도 하고요. 일반 식물들의 신품종은 기존 품종에 비해 약한 편이라서 더 많은 빛과 영양분을 필요로 합니다. 기존 품종은 수경 재배가 가능하더라도 신품종의 경우 불가능할 때가 많아요. 수경 재배는 흙이 없어서 영양분이 제한되기 때문입니다. 하지만 스킨답서스 대부분의 품종은 모두 튼튼하고 생명력이 강하기 때문에 신품종이라 할지라도 키우는 방법 역시 비슷하게 무던한 편입니다. 모두 수경 재배로 잘 키울 수 있고 새잎도 자주 나서 키우는 재미까지 쏠쏠해요. 물꽂이도 쉬워 여러 개의 화분을 만들기도 좋습니다.

스킨답서스를 추천하는 또 다른 이유는 탁월한 공기정화 능력 때문입니다. 특히 포름알데히드, 자일렌, 벤젠 등 실내 오염 물질 제거에 효과적이에요. 1989년 NASA에서 식물의 공기정화에 대한 연구를 발표한 바 있는데요, 이 연구는 우주 정거장의 공기를 정화할 수 있는 다양한 방법을 찾는 목적으로 진행됐습니다. 대부분의 식물이 광합성을 통해 이산화탄소를 흡수하고 산소를 내뱉는다는 이야기를 한 번쯤 들어보셨죠? 그러니까 광합성을 하는 모든 살아있는 식물은 기본적으로 공기정화 능력이 있습니다. NASA는 우주선 안에서도 잘 자라는 식물을 중심으로 연구를 진행했고, 그 과정에서 식물이 이산화탄소뿐만 아니라 공기 중의 다양한 유해 물질을 흡수한다는 사실을 발견합니다. 이때 특정 물질을 더 많이 흡수하고 더 많이 내뱉는 식물들을 발견하는데, 그것이 훗날 NASA가 선정한 '공기정화식물'로 발표된 것입니다. NASA 선정 공기정화식물 중 하나가 스킨답서스이고요. 키우기 쉬운데 예쁘기도 하고, 공기정화 효과까지 있으니 정말이지 안 키울 수 없는 매력적인 식물이죠?

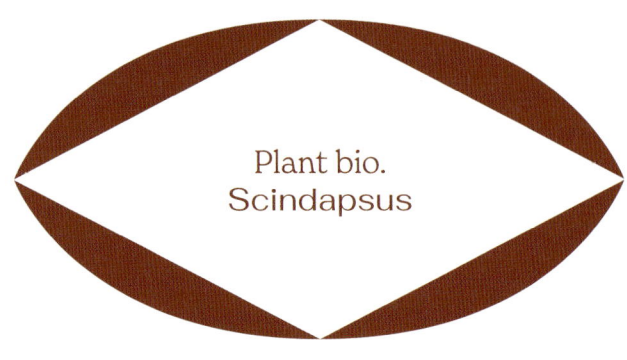

Plant bio.
Scindapsus

스킨답서스는 천남성과(Araceae)에 속하는 식물로 원래 학명은 'Pothos Aureus'였지만, 1900년대 중반 속명이 '스킨답서스(Scindapsus)'로 바뀌었다가 최종적으로는 '에피프레넘(Epipremnum)'이라는 이름으로 확정되었습니다. 오랜 세월 사랑받아 온 식물인 만큼 영어권 국가에서는 여전히 '포투스(Pothos)'라는 이름이 가장 널리 사용되고 있어요. 우리나라에서는 1960년대 이후 활발하게 유통된 탓에 여전히 스킨답서스라는 이름으로 불립니다.

호주 북쪽의 태평양 솔로몬 군도에서 자생하며 호주, 남아시아, 동남아시아와 같은 온대, 열대, 아열대 지방까지 널리 퍼져 있습니다. 덩굴성 식물로 수십 미터까지 자라기 때문에 열대 지방에 유입된 초기에는 유해종으로 분류되어 생태계에 위협이 준 사례도 있었습니다. 놀라운 성장 속도에 강한 생명력, 천적까지 없어서 스리랑카에서는 몇 헥타르에 달하는 면적이 스킨답서스로 뒤덮여 생태계를 교란하기도 했습니다.

How to care Scindapsus

✧　　　**Light - Low**

빛　　　스킨답서스는 직사광선보다 커튼 등에 의해 한번 차단된 빛이 들어오는 밝은 실내에서 잘 자랍니다. 너무 강한 빛은 스킨답서스의 잎을 태우거든요. 상대적으로 빛이 많이 들지 않는 곳에서도 잘 견디고 자라지만, 그렇다고 빛이 전혀 없는 곳에서 키우면 안 됩니다. 밝은 간접광은 꼭 필요해요. 창문이 없는 지하나 욕실이라면 밝은 형광등이나 LED 등을 설치해 켜주세요. 그 정도의 빛만으로도 광합성을 하는 고마운 식물이랍니다.

✧　　　**Temperature - 18~27°C**

온도　　　사람이 거주하는 실내 공간은 겨울에 난방하기 때문에 사계절 모두 스킨답서스가 살기 좋은 온도입니다. 온도에 예민한 식물은 아니지만, 너무 춥거나 더우면 당연히 식물이 살기 어렵습니다. 최저온도 15°C는 유지해 주는 것이 생장에 좋으며 10°C이하로 내려갈 경우 잎을 다 떨어트릴 수 있습니다. 다양한 품종 중에서도 무늬가 많은 품종일수록 추위에 약하니 겨울에는 집에서 가장 따뜻한 곳에 두는 것을 추천합니다.

더운 여름에 식물이 놓인 곳의 온도가 38°C이상 상회한다면 식물에게도 힘든 환경이니, 32°C까지 온도를 낮춰주는 것이 좋습니다. 여름철 한낮에 집에 없는 시간이 많다면, 커튼을 쳐서 외부 빛으로 인한 실내 온도 상승을 막아주고, 창문을 살짝 열거나 선풍기를 틀어 선선한 온도를 만들어 주세요.

Water - Weekly
물　　　일주일에 한 번 주기적으로 주면 잘 자랍니다. 추운 겨울에는 물을 더 적게 주는 것이 좋아요. 물을 많이 줘도 잘 자라는 식물이지만, 화분에 심어진 경우 흙이 계속 물에 잠겨 있으면 과습으로 인해 뿌리 환경에 좋지 않고, 벌레가 생길 가능성도 커집니다. 이때는 겉흙이 마른 것을 확인한 후 충분히 물을 주세요.

Air - Important
환기　　　모든 식물이 그렇듯이 스킨답서스도 환기가 중요합니다. 다른 식물에 비해 무던한 편이라 크게 신경써 주지 않아도 괜찮지만, 흙을 충분히 적시고 말리는 과정을 기억한다면 모든 식물을 잘 키울 수 있습니다.

Pet - Attention
반려동물　　　스킨답서스에는 '불용성 결정속'이 포함되어 있어 섭취 시 구강 염증과 구토를 유발합니다. 반려동물과 어린아이가 식물을 뜯어 먹는 버릇이 있다면 가능한 아이들의 손이 닿지 않는 곳에 놓는 것이 안전을 위해 좋겠습니다.

☞ **Tip - Scindapsus**

물꽂이

스킨답서스는 수경 재배하기 쉬운 식물입니다. 번식력도 정말 좋고요. 집에 있는 스킨답서스가 너무 길어졌거나 화분 개수를 늘리고 싶다면 적당한 길이로 자른 후 물에 들어가는 부분의 잎을 제거하고 유리병에 넣어주세요. 잎의 뒷면에는 기근♣이 있는데, 이 부분이 물속에 들어가도록 합니다. 물은 일주일에 한 번씩 갈아주고, 밝은 곳에 두면 금방 뿌리와 새잎이 돋아나요. 물을 자주 갈아주면 그대로 물병에 넣고 키워도 좋을 만큼 쑥쑥 자랄 테니 높낮이가 다른 유리 화병에 여러 개 담아 배치하면, 청량감 있는 여름철 플랜테리어 아이템으로도 손색이 없습니다.

1. 적당한 길이로 줄기를 잘라줍니다.
2. 물속에 잠기는 부분의 잎은 모두 뜯어낸 후 깨끗한 수돗물에 담가주세요. 최소한 한 개의 기근이 물에 잠겨 있어야 새 뿌리가 날 수 있습니다. 성공 확률이 100%는 아니기 때문에, 약 2~3개의 기근이 물속으로 들어가야 튼튼한 뿌리를 내립니다. 일주일에 한 번 물을 갈아주고, 수용성 영양제가 있다면 조금 넣어줘도 좋습니다.
3. 약 1~2주가 지나면 각 기근에서 뿌리가 납니다. 뿌리가 좀 더 튼튼해질 때까지 한두 달 정도 수경 재배합니다.
4. 화분에 옮겨 심어 줍니다.

♣ 기근(氣根) : 공기 중에 노출된 뿌리

Schefflera

홍콩야자

홍콩 여자? 홍콩 야자!

홍
콩
야
자

"제일 키우기 쉬운 식물이 뭐예요?"라는 질문을 받으면, 테이블야자, 스킨답서스, 몬스테라, 넉줄고사리, 그리고 다음으로 '홍콩야자'를 말합니다. 저의 사적인 추천 리스트로 "제일 많이 팔아본 식물이 뭐예요?"라는 질문에도 세 손가락 안에 드는 식물로 서슴없이 답할 수 있는 게 홍콩야자예요.

홍콩야자는 초보자들에게 부담 없이 추천하는 키우기 쉬운 식물 중 하나입니다. 여기서 '키우기 쉽다'는 말은 '민감하지 않다'는 뜻이기도 해요. 식물을 키울 때 유독 어려움을 느끼는 순간은 이유도 모른 채 식물이 시들거나 죽어갈 때잖아요. 조금만 환경이 바뀌거나 까먹고 물을 못 줬을 때, 그게 겨우 한 번뿐인데도 금방 시들어버리는 식물은 민감한 편에 속합니다. 식물을 처음 돌보는 분이 이렇게 민감한 식물을 첫 반려 식물로 들였다면, 자신감을 잃거나 지치기 쉬운 것도 당연합니다. 조금 보편적인 것 같아도 제가 추천하는 식물로 시작한다면 '나 생각보다 식물 잘 키우는 사람이었구나?' 하는 자신감을 얻을 수 있을 거예요.

홍콩야자와 관련된 에피소드를 하나 소개할게요. 얼마 전에 있었던 일입니다. 약 2년 전 저에게 프라이빗 원데이 클래스를 들었던 K군이 최근까지도 홍콩야자를 '홍콩여자'로 알고 있었다고 말했습니다. 당시 저희는 홍콩야자를 활용해 '코케다마 kokedama ♣'를 만드는 수업을 진행했는데, K군이 저에게 몇 번이나 "진짜 식물 이름이 홍콩 여자예요?"라고 물어봐도 제가 "그렇다"라고 대답했대요. 아무리 기억을 되짚어봐도 도저히 생각나지 않지만, 설령 그런 질문을 받았다면 당연히 저는 '홍콩야자'로 들었을 거예요. K군의 이야기에 '홍콩 여자? 어떻게 식물 이름을 그렇게 알고 있을 수 있지?' 싶었거든요. 친구들과 다 같이 한바탕 와자지껄하게 웃고 나서 한동안 '홍콩 여자'에 대해 생각하게 되었어요.

'나에게는 이토록 평범하고 익숙한 식물 이름이 이제 막

♣ 코케다마 : 흙과 이끼, 실을 이용해 화분 없이 식물을 키우는 방법

식물을 알아가는 사람 혹은 식물에 관심 없었던 사람에게는 미지의 세계를 만나는 일이 되겠구나. 내겐 너무나 흔한 이름조차 그들에게는 낯설어서 몇 번이고 되뇌어 보는 새로운 이름이 되겠구나!' 싶었습니다. 마치 제가 다른 업계의 용어를 전혀 못 알아듣거나 잘 못 알아듣는 것과 같은 일이겠죠.

그러고 보니 홍콩야자 코케다마를 만들어 간 후, K군은 거의 매일 홍콩야자의 근황을 전했습니다. 어느 순간부터 '홍콩야자가 힘들어한다'고 이야기하더니 결국에는 애지중지 키우던 식물을 떠나보냈죠. 식물이 죽는 데에는 한 가지 이유만 있는 것은 아니니 정확한 원인은 알 수 없지만, 이유를 모른 채 계속 물만 주다가 이렇게 떠나보내는 일이 초보 식집사들에겐 너무 흔합니다. 그래서 더욱 식물을 바라보는 시간을 갖는 것이 중요합니다. 구체적으로 말하면, 식물의 상태를 자주 체크하고 거기에 맞는 환경을 만들어주는 일이죠. 그러기 위해선 식물을 알아가려는 노력이 반려 식물 생활에서 가장 중요한 첫걸음이라고 할 수 있어요. 식물이 죽었다고 너무 죄책감을 느끼지 말고, 실패를 발돋움 삼아 식물에 맞는 환경을 갖춰주며 다시 도전해 보면 이전보다 훨씬 오래 잘 키울 수 있을 거예요.

한편, 홍콩야자도 NASA가 선정한 공기정화식물 리스트에 속합니다. 기본적인 공기정화는 물론 증산 작용이 활발하여 미세먼지와 포름알데히드 제거 능력이 탁월하죠. 보통 작은 화분으로 구매한 식물을 가정에서 크게 키우려면 10~20년이 소요될 만큼 어려운 일인데, 홍콩야자는 그 속도가 빠르고 수월한 편이라고 말할 수 있습니다. 가끔 손바닥만 한 크기의 작은 화분에 담긴 '아레카야자'를 가리키며, "오래 키우면 대형 화분(약 1.8m) 크기까지 클 수 있을까요?"라고 물어보시는 분들이 있습니다. 대형 아레카야자는 가격이 비싸기 때문에 작은 화분을 사서 크게 키워보겠다는 야심 찬 포부를 내비치시는 거죠. 그럴 때 저는 단호하게, "큰 식물을 원한다면 조금 비싸도 큰 식물로 시작하세요. 집에서는 크게 키우기 어렵습니다"라고 말합니다. 하지만, 만약 고객이 가리키는 식물이 홍콩야자라면, '도전해 볼 만하다'고 답할 거예요. 홍콩야자는 작은 포트로 시작해서 공간을 채워줄 만큼 큰 식물로 성장하기 쉬우니까요. 그러니 이번 기회에 홍콩야자에 대해 알아보고 새로운 반려 식물로 들여보는 건 어떨까요? 작은 포트로 시작해서 크게 키울 야심 찬 계획 중이라면 더더욱이요.

식물의 상태를 자주 체크하고 거기에 맞는 환경을 만들어 주는 일.
일몰을 알아가려는 노력이 반려 식물 생활에서 가장 중요한
첫걸음이라고 할 수 있어요.

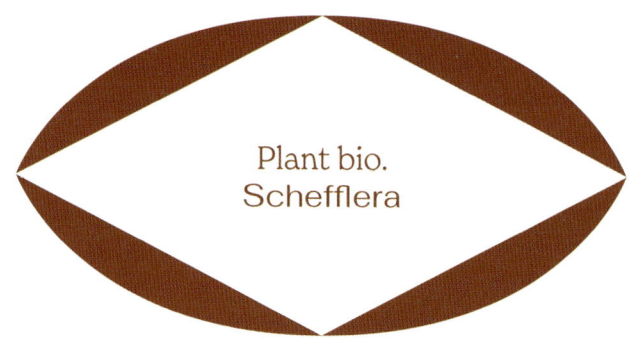

Plant bio.
Schefflera

중국과 대만이 원산지인 홍콩야자는 '야자'라는 이름 때문에 종려과(Arecaceae)에 속하는 야자나무로 오인하기 쉽지만, 두릅나무과(Araliaceae)에 속하며 꽃이 피는 속씨식물군입니다. 키우는 방법도 야자나무와 비슷하니 더욱 오해하기 쉽죠. 전 세계 약 150종 이상이 있으며 원산지에서는 20m를 넘는 높이까지 큽니다. '쉐프레라 홍콩(Schefflera Arboricola Hayata Hongkong)'이라는 학명을 가진 홍콩야자가 가장 유명하며 다양한 변이종이 있습니다. 이름에 '홍콩'이 들어가는 건 원산지 때문인데, 실제로 홍콩에 가면 길가나 공원에서 많이 볼 수 있는 수종입니다. 성장 속도가 빠른 편으로, 해외에서는 분재로도 많이 활용하며 잎 모양이 우산을 닮았다고 하여 'Umbrella Tree'라고도 부릅니다.

How to care Schefflera

✧ **Light - Low**

빛　　　두릅나무과에 속하는 식물들은 대개 잎이 크거나 풍성하고, 음지에서도 잘 자라는 특징이 있습니다. 음지라고 해도 햇빛이 전혀 들지 않는 곳을 말하는 건 아니라는 점, 이제 알고 계시죠? 직사광선에 강하게 노출되면 잎이 하얗게 세거나 누렇게 변할 수 있기 때문에 유리 창문을 통해 한번 차광된 빛이 들어오는 밝은 실내가 좋습니다. 실내에서도 환경만 잘 갖춰지면 천장에 닿을 만큼 크게 키우기 쉬운 편이에요.

✧ **Temperature - 20~25°C**

온도　　　생육 적정 온도는 20~25°C입니다. 겨울에는 10°C이상만 유지되면 잘 견디기 때문에 다른 열대 식물보다는 내한성이 높은 편입니다. 5°C까지 내려가는 상황은 잠시 견딜 수 있지만, 오래 노출되면 냉해를 입으니 조심해 주세요.

💧　　　Water - 2 Weeks

물　　　홍콩야자는 물을 좋아하지만 과습 환경에서는 금방 시들어 버려요. 물은 겉흙이 말랐을 때 충분히 주는 것이 좋습니다. 식물을 구입한 초기에 물을 주고 나서 얼마나 빨리 마르는지 2주 정도 체크한 다음, 향후 물주기 빈도수를 정해 보세요. 겨울에는 보통 그 빈도를 줄입니다. 대부분의 주거 공간은 여름에 에어컨으로 온도를 낮추고, 겨울에 난방으로 온도를 높이기 때문에 일 년 내내 적정 생육 온도가 유지되기도 합니다. 이런 곳에서는 여름과 겨울에 흙이 마르는 속도가 비슷하므로 일정한 주기로 물을 주면 좋습니다.

☺　　　Pet - Attention

반려동물　　불용성인 '옥살산 칼슘(Calcium Oxalate)'을 함유하고 있어 반려동물이나 어린아이가 섭취하면 간과 신장에 영향을 줄 수 있습니다. 극소량 섭취했을 경우에는 단순 구토로 끝나겠지만, 안전을 위해 아이들의 손이 닿지 않는 곳에 두는 것을 권합니다.

🐛　　　Pest - Caution

병충해　　실내가 너무 건조하거나 환기가 안 되면 잎과 줄기에 깍지벌레(개각충) 또는 진딧물이 생기기 쉽습니다. 물을 자주 분사하여 공중 습도를 유지하고 환기하는 것이 예방법이며 이미 깍지벌레가 생겼다면 물티슈로 닦아 없애고 해충제를 꾸준히 뿌려주세요.

☞ Tip - Schefflera

실내 식물에게 직사광선이 위험한 이유

동남아에서는 열대 식물이 쨍쨍한 햇빛이 비추는 곳에서도 잘 자라는데, 왜 자꾸 직사광선은 피하라고 말하는지 궁금하신가요?

식물도 적응할 시간이 필요합니다. 환경이 변하면 식물도 몸살을 앓아요. 특히 식물은 햇빛에 예민한 편이에요. 실내에서 실외로 옮길 때(또는 반대의 경우) 서서히 시간을 두고 조금씩 밝은 곳으로 이동해야 합니다. 갑자기 옮기면 잎을 모두 떨어뜨리거나 잎이 하얗게 세는 등 다양한 변화가 생겨요. 두 달 정도 시간을 갖고 조금씩 밝은 곳으로 옮기면, 실내에서만 키우던 식물도 실외에서 직사광선을 받으며 잘 자랄 수 있게 돼요. 하지만 대부분의 열대 식물들은 내한성이 약하기 때문에 겨울이 오기 전에 실내로 들여놓는 것이 좋습니다. 우리나라의 추운 겨울을 견디는 열대식물은 거의 없으니까요.

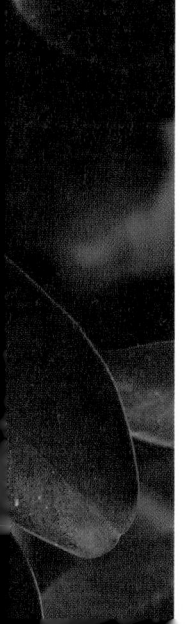

잎에 생긴 깍지벌레(개각충)

Eucalyptus

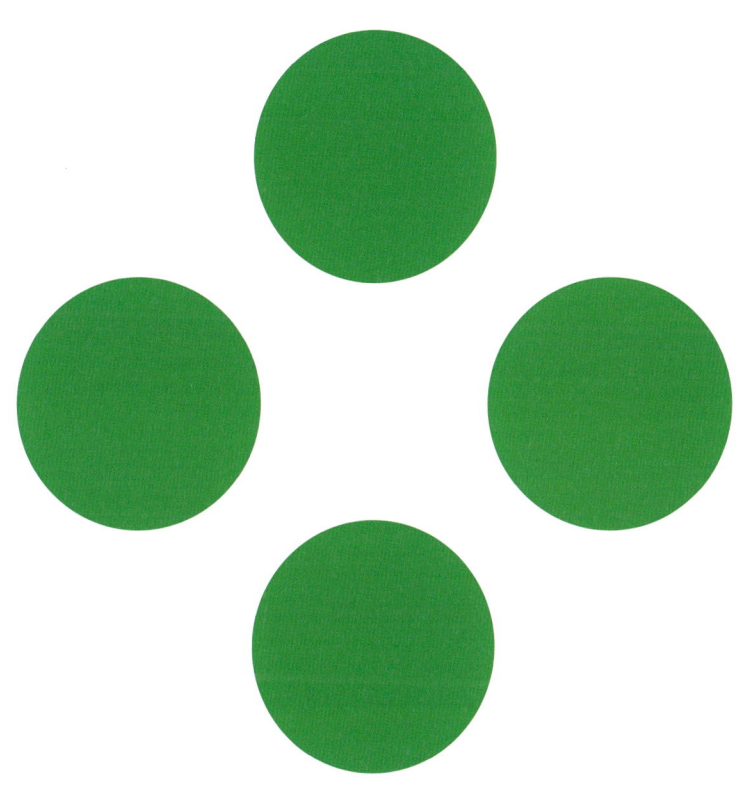

유 칼 립 투 스

Koala Koala

유칼립투스

약 7천만 년 전부터 호주에 서식한, 호주를 대표하는 동물 '코알라Koala'는 '유칼립투스' 잎만 먹고사는 동물로 유명합니다. 캥거루처럼 육아낭이 있는 유대목(目)에 속하며 코알라과의 유일한 종이에요. 수십 미터까지 자라는 유칼립투스 나무에 삶의 터전을 마련하고, 나무 위에서 지내기 때문에 땅으로 내려오는 일은 거의 없습니다. 코알라는 호주 원주민의 언어 '굴라gula'에서 유래된 말로 '물이 없다. 물을 먹지 않는다'는 뜻입니다. 유칼립투스 잎은 코알라의 유일한 먹이이자 수분 보충재인 셈이죠. 질기고 독성이 많은 유칼립투스 잎을 코알라는 어떻게 주식으로 삼고 있을까요? 여기에는 새끼를 키우기 위한 어미 코알라만의 독특한 양육법이 숨어 있습니다.

다 자란 코알라의 하루 유칼립투스 잎 섭취량은 약 900g으로 소화를 돕는 맹장 길이는 약 2m에 달합니다. 반면, 갓 태어난 새끼 코알라는 맹장 길이가 2cm정도밖에 안 돼요. 코알라는 육아낭에서 약 6~7개월간 새끼를 돌보는데, 이때 엄마 주머니 속의 새끼는 주둥이와 팔로 어미 배를 꾹꾹 누르며 배설을 돕습니다. 단단한 배설물이 나오면 그냥 떨어뜨리고 다시 어미 배를 자극하죠. 묽고 부드러운 배설물이 나왔을 때, 새끼는 그 배설물을 먹고 자랍니다. 유칼립투스 잎의 독성이 제거된 이 배설물을 '팹Pap'이라 부르는데요, 팹을 먹으면서 새끼는 어미 장 속의 미생물을 섭취해 면역력을 키우고 어미의 도움 없이도 유칼립투스 잎의 독성을 분해하고 섬유질을 소화할 수 있도록, 스스로 유칼립투스 잎을 먹을 준비를 합니다. 코알라만의 독특한 성장 과정을 보내는 것이죠. 이렇게 성장한 코알라는 하루 20시간 이상을 자고 눈 뜨면 유칼립투스 잎을 먹습니다. 코알라가 취한 듯 온종일 자는 이유도 유칼립투스의 독성 물질 때문이라는 설도 있어요.

조금 무거운 마음으로 2019-20년 발생한 호주 산불 이야기를 꺼내려 합니다. 2019년 9월, 호주 남동부에서 시작된 산불이 6개월이나 지속되는 대재앙이 일어납니다. 이 불로 인해 남동부 지역 숲의 약 18만 6천 km^2가 소실되며 엄청난 피해와 경제적 손실을 입었습니다. 호주에 서식하는 많은 야생 동식물이 사라져 생태계 파괴까지 이어졌습니다.

호주는 자생종인 유칼립투스 숲이 많았던 곳입니다. 유칼립투스 나무는 휘발성이 강한 가연성 오일을 함유하고 있어 화재에 취약합니다. 죽거나 쓰러진 나무도 방부성 오일을 포함하고 있기 때문에 곰팡이에도 잘 썩지 않아요. 다시 말하면, 가연성 목재가 숲에 쌓여 있었다는 뜻입니다. 2019-20년에 걸쳐 일어난 화재로 호주 유칼립투스 숲의 80%가 사라졌습니다. 그렇지 않아도 환경 오염과 기상이변 때문에 유칼립투스 나무는 멸종 위기에 처해 있었는데, 설상가상의 상황이 벌어진 것이죠. 유칼립투스와 떼려야 뗄 수 없는 코알라도 덩달아 위험에 빠졌습니다. 세계자연기금WWF의 보고서♣에 따르면, 이 산불로 6만 마리 이상의 코알라가 죽거나 다쳤고 서식지인 유칼립투스 숲을 잃어버리면서 독자적 생존이 불가능한 '기능적 멸종 상태'가 되었습니다.

사실 이 모든 문제의 가장 큰 원인은 '기후변화'라고 말할 수 있습니다. 우리가 외면해선 안 되는, 지구를 위한 기본 규칙만이라도 확실하게 지킨다면 코알라뿐만 아니라 숲과 자연, 우리 모두를 지키는 데 도움이 되리라고 생각합니다. 바다 건너 코알라가 살고 있을 울창한 유칼립투스 숲을 상상하며, 지구를 위해 사소하지만 작은 실천을 시작하면 좀 더 나은 미래를 기대해 볼 수 있지 않을까요?

♣ WWF, Impacts of the unprecendented 2019-20 bushfires on Australian animals (2020), p21

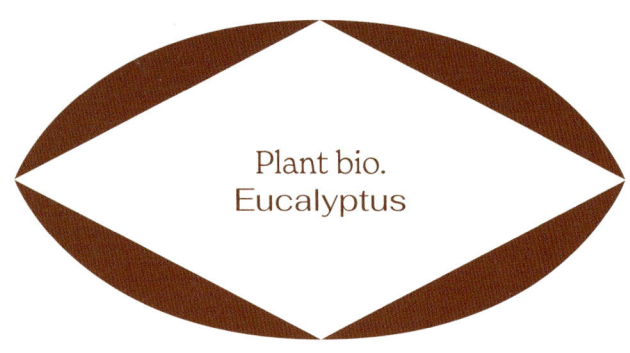

Plant bio.
Eucalyptus

호주가 원산지인 유칼립투스는 지중해성 기후와 열대 기후에서 주로 자랍니다. 호주에서는 가로수와 공원수로 흔하게 볼 수 있는 상록 교목이에요. 성장 속도가 빠른 속성수이자 생명력이 강한 편이라 원예 품종으로도 인기가 많죠. 여러 방면에서 다용도로 활용할 수 있어 세계적으로 인기 많은 나무입니다. 특히, 플랜테이션(Plantation)♣ 견목으로 많이 쓰여요. 자생지인 호주에서는 플랜테이션 견목의 65%가 유칼립투스 나무라고 합니다. 잎에서 향기가 나기 때문에 허브로 분류되기도 합니다.

♣ 플랜테이션 : 대규모 시장을 위해 단일작물을 재배하는 거대한 농업. 예로 커피, 차, 설탕 등이 있다.

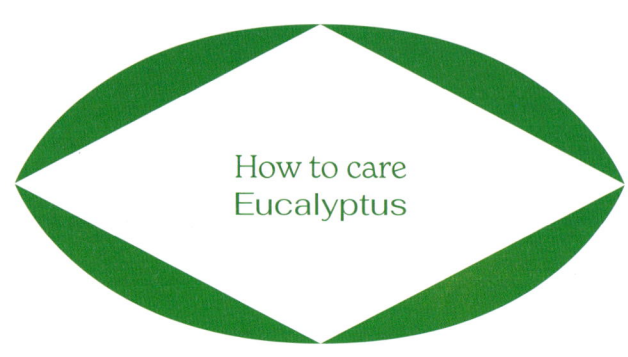

✧ Light - Direct

빛   일조량이 많아야 하는 식물입니다. 반그늘을 좋아하는 일반 관엽식물들과 달리 햇빛을 바로 받는 직사광선이 필요하므로, 야외에서는 물만 자주 준다면 무탈하게 잘 자랄 수 있어요. 실내에서 키운다면 높은 일조량과 물, 환기를 맞추기 쉽지 않아 다른 식물에 비해 세심한 주의를 기울여야 합니다. 봄부터 가을까지는 빛을 많이 받을 수 있는 야외나 베란다에 두어도 좋지만, 겨울에는 따뜻한 곳으로 옮겨줘야 합니다.

✧ Temperature - 20~25°C

온도   다른 실내 식물에 비해 내한성이 강한 편이지만, 성장을 위한 생육 적정 온도는 20~25°C입니다. 겨울에도 5°C이상 유지해 주는 것이 좋으며, 조금이라도 온도가 낮아지면 금방 냉해를 입습니다. 줄기 밑동이 굵고 튼튼한 오래된 유칼립투스는 더 낮은 온도에서도 견딜 수 있지만, 우리가 실내에서 키우는 아이들은 줄기가 얇고 어리기 때문에 온도와 물, 햇빛에 신경 써줘야 합니다.

💧　　　　Water - 2~4 Days

물　　　유칼립투스는 물을 자주 줘야 합니다. 깜빡하고 한두 번 물주기를 잊으면 금세 마른 이파리가 생길 거예요. 그러나 과습도 주의하세요. 물을 자주 줘야 한다고 해서 흙 상태를 체크하지 않은 채 무턱대고 많이 주면 안 돼요. 화분의 겉흙이 완전히 말라 있을 때 물을 듬뿍 줍니다. 집마다 온·습도, 환기, 광량이 모두 다를 테니 식물을 처음 들이고 나서 물주기 빈도를 파악하기 위해 세심하게 관찰하는 것이 좋습니다.

☺　　　　Pet - Attention

반려동물　다양한 장점이 있는 유칼립투스지만, 잎은 강한 독성을 띠는 시네올(Cineol)이 들어 있어 소량 섭취도 위험합니다. 반려동물이 잎을 먹는 버릇이 있다면 평소에 주의 깊게 살피고 화분은 안전한 위치에 놓아주세요.

Tip - Eucalyptus Shower

긴 하루를 마무리하는 따뜻한 샤워는 스트레스와 긴장 완화에 도움을 줍니다. 스파 숍에서 받는 것처럼 향기로운 샤워 시간을 가질 수 있는 작은 팁으로 신선한 유칼립투스 다발을 샤워 헤드에 달아주는 방법을 추천합니다. 해외에서는 이미 오래된 활용법 중 하나로 좋은 향기뿐만 아니라 유칼립투스 에센셜 오일의 효능까지 경험할 수 있습니다. 샤워 중 발생하는 증기가 유칼립투스 에센셜 오일의 배출을 돕는데, 이 오일은 축농증, 기관지 감염과 같은 코막힘 증상과 각종 염증 완화에 도움을 줍니다. 신선한 유칼립투스 다발을 욕실에 달아 놓는 것만으로도 샤워의 질이 한 단계 높아지는 것을 느낄 수 있을 거예요.

근처 꽃집에서 유칼립투스 한 다발을 사서 고무줄이나 마 끈으로 끝을 묶고 샤워기 헤드에 매달아 주세요. 잎에 물이 직접 닿지 않아도 괜찮습니다. 샤워 물줄기에 닿는 게 거슬리는 분들은 살짝 옆이나 샤워 헤드 위쪽에 달아 놓으세요. 잎이 마르기 전, 신선한 상태의 유칼립투스를 사용하는 게 가장 효과적이에요. 한 다발 기준 약 일주일에서 열흘 정도 걸어 두고 사용할 수 있습니다.

☞　　　Tip - Useful Eucalyptus

유칼립투스는 향기와 효능 덕분에 다양한 형태와 용도로 활용됩니다.

잎　　　건조된 잎과 신선한 잎 모두 방향제와 약용 차로 쓰이고 있어요. 유칼립투스 리스나 다발을 만들어 걸어 두면 자연스럽게 마르는데, 완전히 건조된 후에도 그 향기가 오랫동안 지속되어 예쁘게 연출하며 사용할 수 있습니다.

오일　　　유칼립투스 에센셜 오일과 추출물은 기침과 감기약, 치과용 제품, 항균제에 많이 활용되며 벌레 퇴치제나 소독제의 주원료로 쓰이기도 합니다. 아로마 용법으로도 사용되는데, 디퓨저에 유칼립투스 에센셜 오일을 넣고 그 향을 맡으면 스트레스와 피로를 해소하고 호흡기 질환도 완화해 줍니다. 유칼립투스 샤워와 비슷한 효과에요. 호호바 오일 또는 캐리어 오일과 섞어 마사지용으로 사용하기도 합니다. 아픈 근육과 관절에 문질러주면 일시적으로 통증을 완화해 준다고 해요. 이렇게 효과 많은 유칼립투스지만 절대로 원액을 그대로 사용하진 마세요. 접촉성 피부염을 일으킬 수 있으니 반드시 호호바 오일 혹은 캐리어 오일과 섞어서 사용합니다.

　　　　유칼립투스 예쁘게 말리는 팁

유칼립투스뿐만 아니라 모든 꽃과 잎을 말릴 때는 조금씩 소분해서 묶어준 후 바람이 잘 통하는 그늘에 놓아주세요. 완전히 건조될 때까지 기다리면 색감과 향을 그대로 유지할 수 있습니다.

Sophora

소
포
라

마오리족의 식물

소포라

자세히 보지 않으면 살아있는 건지 죽은 건지 구분이 안 되는 식물이 있습니다. 지그재그로 풍성하게 뻗은 가지, 작은 잎이 촘촘히 붙어있는 유니크하면서도 섬세한 외모. 다른 식물에 비해 가격대가 높고 초보자들은 관리하기 어렵다는 으름장에도 불구하고 한번 꽂힌 손님들은 반드시 사 들고 나가는 마성의 식물, '소포라'와 '코로키아'입니다. 비슷한 외모를 가지고 있지만, 자세히 보면 줄기 색깔과 잎 모양이 다릅니다. 우리나라에서는 '마오리 소포라', '마오리 코로키아'라고 불려 같은 종으로 아는 분들도 계실 텐데, 사실은 다른 식물입니다.

국내에서 소포라라고 부르는 소포라 속(屬) 품종들은 해외에서는 '코와이 Kowhai'라고 부릅니다. 뉴질랜드 토착 식물로 일반 가정의 정원에서 흔히 볼 수 있고 봄에는 노란 꽃이 핀다고 해요. 코와이는 뉴질랜드 원주민인 마오리족의 언어로 '노란색'을 뜻합니다. 과거 마오리족은 코와이를 다양하게 활용했어요. 늦겨울에서 초봄 무렵 꽃이 피는 것을 보며 고구마 심을 때가 왔다는 것을 알았고, 꽃의 노란색은 염료로 사용했습니다. 신축성 있는 가지는 사냥 도구와 건축 재료로 활용하고 약으로도 쓰였다고 해요. 소포라에는 독성이 있는데, 이 성분을 잘 활용하면 상처를 치료하거나 근육통에 효과적이었다고 합니다. 예로부터 동서양을 막론하고 독성이 있는 식물은 약으로 활용되는 경우가 많았으니까요. 우리나라에 주로 수입되는 품종은 '소포라 프로스트라타 Sophora Prostrata'로 최대 2m까지 자라는, 소포라 속 8종 중 가장 작은 품종입니다.

그렇다면 코로키아는 어떨까요? 국내에 수입되는 코로키아는 '코로키아 코토네스터 Corokia Cotoneaster'로 아르고필라과 코로키아 속(屬)의 10종 중 하나입니다. 소포라와 마찬가지로 뉴질랜드 토착 식물이자 검은 줄기와 은빛 잎이 특징이에요. 코로키아라는 이름 또한 마오리족의 언어 'koriko'에서 유래했습니다. 코로키아는 'Wire-netting Bush'라고 불릴 정도로 크면 클수록 줄기가 가시덤불처럼 촘촘하게 엉킵니다. 그 특징을 이용해 차폐식재♣

나 방풍식재, 생울타리 등으로 활용합니다. 이외에도 오래전 마오리족들은 전통 음식을 요리할 때 불순물을 제거하는 용도로 코로키아를 넣기도 하고, 잎은 끓여서 약재로 단단한 줄기는 의료용 칼로 만들어 썼다고 해요. 소포라처럼 어느 하나 버릴 것 없이 유용한 식물이죠?

이처럼 신비로운 매력과 뛰어난 실용성을 지닌 식물, 소포라와 코로키아는 이제 뉴질랜드뿐만이 아니라 전 세계에서 반려 식물로 사랑받고 있습니다. 우리나라에서는 이름 앞에 '마오리'가 붙어서 마치 마오리가 속명(屬名)이라고 착각할 수 있지만, 앞서 이야기한 것처럼 두 식물은 전혀 다른 속(屬)에 분류되어 있습니다. 둘 다 뉴질랜드 토착 식물로 마오리어에서 유래한 이름을 가졌기에 별칭처럼 이름 앞에 붙인 것이 아닐까 싶어요. 사실 '마오리 소포라', '마오리 코로키아'라고 부르는 곳은 우리나라밖에 없습니다. 그러니 이제부터는 마오리를 빼고 소포라(또는 코와이)와 코로키아로 불러주세요.

♣ 차폐식재 : 경관상 좋지 못한 것을 가리기 위한 식재

소포라(왼)와 코로키아(오)

Plant bio.
Sophora

뉴질랜드 전역에서 고루 발견되는 소포라와 코로키아는 속(屬)은 다르지만 재배 환경이 비슷합니다. 차이점은 소포라가 물을 좀 더 좋아하고, 코로키아는 건조한 환경에서 좀 더 잘 버틴다는 정도예요. 소포라는 최대 2m, 코로키아는 3m까지 크는 상록 관목이지만, 우리나라에 유통되는 식물 사이즈는 아주 작습니다. 원산지가 뉴질랜드인 만큼 해양성 온대 기후에서 잘 자라며 그 외 지역에서는 화분에 심어 관상수로 활용합니다.

How to care
Sophora

✧ **Light - Direct**

빛　　햇빛을 좋아하기 때문에 차광이 없는 베란다 또는 야외 직사광선 아래 두어도 잘 자라는 식물이에요. 실내에서 남향과 서향은 햇빛이 내부 깊숙한 곳까지 오랫동안 들어오기 때문에 창가에서 조금 떨어진 곳에 두어도 상관없지만, 동향이나 북향이라면 창가 쪽에 두는 것을 추천합니다. 햇빛을 좋아하지만 반양지나 반음지에서도 잘 자라요. 다만 빛이 적으면 성장 속도가 더딥니다. 일정한 밝기를 제공하기 어렵다면 식물용 조명이나 LED 조명을 가까운 곳에 켜두는 것도 도움 됩니다.

✧ **Temperature - 20~25°C**

온도　　작은 이파리와 연약해 보이는 가지로 추위에 약할 것 같지만, 의외로 내한성이 강한 식물입니다. -5℃ 정도는 충분히 버틸 수 있어요. 눈에 보이는 성장을 위한 생육 적정 온도는 20~25℃입니다. 하지만 급격한 온도 변화에 잎이 노랗게 변하거나 떨어질 수 있으니 주의하세요.

💧　　　Water - 2~4 Days

물　　　물을 좋아하지만 과습에는 취약한 식물입니다. 흙을 계속 축축한 상태로 두면 뿌리가 물을 빨아들이지 못하는 상황에 이르러요. 물을 자주 주되 배수가 잘 되는 흙에 심는 것이 좋습니다. 우리나라에서는 보통 식물의 크기보다 작은 화분에 담겨 유통되기 때문에 구입 후 조금 큰 화분에 좋은 배양토와 약간의 마사토를 섞어 일찍 분갈이 하는 것을 권합니다.

분갈이의 장점은 새로운 배양토의 추가로 보비력♣이 높아져 식물에 영양소를 공급할 뿐만 아니라, 보수력♣♣을 높여 물 주는 횟수가 줄어도 관리가 수월해지도록 돕는 것입니다.

☺　　　Pet - Attention

반려동물　　반려동물과 아이들의 손이 닿지 않는 곳에 두세요. 식물 전체에 독성이 있는데 특히 씨앗의 독성은 강합니다. 섭취 시 쓰라린 느낌이 들어 동물들은 자연스레 피한다고 해요. 물론 항상 언급했듯이 단순히 놓여있다고 해서 식물에서 독성이 나오는 것은 아니, 반려동물이나 어린아이가 식물을 먹는 버릇이 없다면 곁에 두고 충분히 잘 키울 수 있는 식물입니다.

♣ 보비력(保肥力) : 토양이 비료를 오래 지니는 능력
♣♣ 보수력(保水力) : 토양이 수분을 저장할 수 있는 능력

☞ **Tip - Sophora**
　　　지중해성 기후

식물을 구입할 때 가게에서 해주는 몇 마디 조언만 듣고 와서 잘 키우기란 쉽지 않습니다. 반려 식물에 대해 얼마나 잘 알고 있는지에 따라 식물의 수명이 결정된다고 해도 과언은 아니에요. 그렇다면 심도 있는 공부를 해야 하나? 부담이 생기는데요, 그렇지도 않습니다. 그저 조금만 관심을 갖고 몇 가지 정보를 찾아보면 충분해요.

기본적으로 식물을 잘 키우기 위해서는 식물의 원산지 환경을 먼저 알아보고 그와 유사한 환경을 조성하는 것이 중요합니다. 원산지 기후가 열대인지 온대인지 건조인지 지중해인지 찾아보는 것이 좋겠죠? 소포라와 코로키아를 포함하여 올리브나무, 유칼립투스 등 키우기 쉽지 않아 보이지만 색다른 매력을 지닌 생소한 식물들은 대부분 해양성 온대 기후와 지중해성 기후에서 자라는 식물인 경우가 많습니다. 흔히 봐왔던 관엽식물들과는 확연히 다른 외모와 분위기 덕분에 인기가 많죠. 지중해성 기후는 말 그대로 그리스, 이탈리아 남부 등과 면해 있는 지중해 일대의 기후를 말해요. 유럽인들의 대표적인 여름 휴양지로 여름은 고온 건조, 겨울은 온난 습윤한 날씨가 특징입니다.

위치는 지중해가 아니지만 지중해성 기후를 가지고 있는 곳이 또 있습니다. 미국의 캘리포니아 지방, 호주 남부, 남아프리카 등 주로 대륙의 서해안과 아열대 건조 지역 바깥에서 나타나는 기후입니다.

지중해 일대는 고온 건조한 여름 날씨에 잘 견디는 올리브, 오렌지, 포도, 코르크 등을 재배하는 수목 농업이 발달했어요. 과일 수확이 끝나는 겨울에는 비가 많이 내리고 온화한 기후 덕분에 밀 같은 곡물 농사를 짓습니다. 이렇게 사계절 내내 식물이 잘 자라는 곳을 원산지로 둔 식물은 영양분이 풍부한 흙과 충분한 물을 제공하되, 흙이 과습하지 않도록 환기가 잘 되는 환경이 갖춰지면 잘 자랄 수 있어요. 이때 환기는 식물 잎이 살랑살랑 움직일 정도의 바람이 통하면 됩니다.

어떤가요? 낯설게만 느껴졌던 지중해성 기후의 식물들도 원산지 기후의 특성만 잘 파악한다면 우리나라에서도 충분히 잘 키울 수 있겠다는 자신감이 생기지 않나요?

Phalaenopsis

호
접
란

함께 살아가는 것

호접란

집에 꽃 두는 것을 좋아합니다. 화병에 꽃을 꽂아 놓는 그 순간이 마음을 풍요롭게 만들어주거든요. 이렇게 예쁜 꽃을 오래 보려면 매일 부지런히 물을 갈아줘야 합니다. 그게 좀 귀찮다고 느껴질 때나 여름에 너무 더워서 화병의 꽃이 빨리 시들 때면, 호접란을 둡니다. 화병에 꽃을 꽂아 두는 것보다 과정도 훨씬 쉽고, 크고 화려한 꽃을 오랫동안 볼 수 있으니까요.

호접란은 관리하기 쉽고 꽃이 아름다워 전 세계적으로 사랑받는 식물입니다. 품종 개량도 활발하게 진행돼 다양한 색의 호접란을 시중에서 쉽게 구매할 수 있어요. 지금은 이렇게 좋아하는 식물이 되었지만, 어렸을 때는 승진이나 개업 선물로 어른들이 주고받는 호접란을 보며 자라서인지 뭔가 촌스럽고 올드한 이미지라고 생각했어요. 아마도 싸구려 화분에 담겨 획일적인 연출로 늘어져 있는 호접란을 자주 봐왔기 때문이겠죠? 만약 호접란을 좀 더 멋지게 연출하고 싶다면, 세련된 디자인 화분이나 테라리움Terrarium, 코케다마Kokedama 등의 방법을 활용해 보세요. 조금만 신경 써서 연출을 달리하는 것만으로도 아름다운 공간이 완성됩니다.

화분에 심어진 모습이 익숙해서인지 호접란도 흙에 심는다고 생각하는 분들이 의외로 많습니다. 호접란은 착생식물Epiphyte이에요. 착생식물은 다른 식물 또는 바위 등에 붙어 자라는 식물로, 공기 중에 노출된 뿌리인 기근(氣根)이 발달해 있습니다. 세 번째 이야기로 소개했던 '수염 틸란드시아'를 기억하시나요? 착생식물은 수염 틸란드시아처럼 뿌리가 몸을 고정하는 역할만 수행하는 경우도 있고, 공기 중의 수분과 영양분을 흡수하는 종도 있습니다. 특이한 점은 다른 식물에 붙어살지만, 그 식물의 어떤 것도 빼앗아 가지 않는다는 거예요. 이들은 뿌리가 물을 흡수하기 어려운 환경에 놓여져 있어 공중 습도가 높거나 비가 자주 내리는 곳에 주로 서식합니다.

착생식물과 구분해야 하는 것은 기생식물Aerophyte, Parasitic Plant입니다. 기생식물은 착생식물처럼 다른 나무에 붙어 자라지만, 기주(寄主, 또는 숙주)로부터 영양분과 수분을 흡수해요. 우리나라에서 볼 수 있는 대표적인 기생식물로 '겨우살이'를 들 수 있어요. 겨우살이는 낙엽활엽수에 기생해 겨울을 나는 식물입니다. 기주 나무의 영양분을 빼앗지만, 다행히도 대부분 기주의 생장에는 큰 영향을 주지 않습니다. 그러나 만약 기주의 약한 나뭇가지에 겨우살이가 자리 잡는다면, 윗부분까지 충분한 영양 이동이 어려워져 가지가 고사하거나 부러질 수 있습니다. 겨우살이가 너무 많이 붙어있는 경우에도 수세가 약해질 수 있고, 드물게 기주 나무가 말라죽기도 합니다.

그런데 기생식물의 생존방식이 우리와 크게 다르지 않다고 생각되지 않나요? 우리가 사는 지구를 기주, 우리들을 기생자라고 보면 말이죠. 선을 넘지 않고 적당히 배려하며 살아가면 기주는 흔쾌히 자신을 내어주고 잘 버티지만, 기생자의 욕심이 지나쳐 너무 많은 것을 빼앗으려 하면 기주가 먼저 쓰러지고 맙니다. 당연한 수순으로 기생자도 살 수 없게 되고요. 2020년을 기점으로 우리들의 삶을 장악해버린 '코로나' 역시 그 원인을 기후변화에서 찾을 수 있다고 하니 지구를 위해 우리가 할 수 있는 일을 이제는 열심히 해야 할 때라는 생각이 듭니다. 서로 조금씩 내어주고 양보하며, 지구와 우리가 함께 살아가기 위해서요.

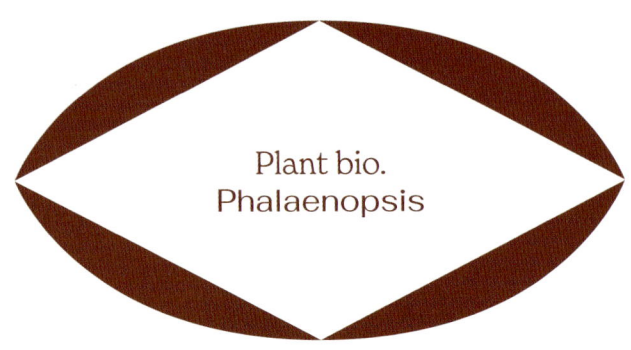

Plant bio.
Phalaenopsis

호접란은 난초과에 속하는 약 70여 종의 팔레놉시스(Phalaenopsis) 속(屬) 품종들입니다. 호접란의 영어 학명 '팔레놉시스'는 그리스어에서 유래한 말로 'Phalen-like(나방과 같은)'를 뜻합니다. 우리나라에서도 모양이 나비 같다고 해서 호접란(胡蝶蘭)이라고 부르죠. 인도, 대만, 중국, 동남아시아, 뉴기니, 호주 등의 숲속이 원산지로 일 년 내내 습하고, 나뭇잎에 의해 햇빛이 살짝 가려지는 곳에서 잘 자랍니다. 대부분의 종은 나무의 수피(나무의 겉껍질)에 착생하여 자라는 착생란으로, 일부 품종만 바위에 착생하여 자랍니다. 꽃은 기본적으로 한 달 이상 매우 오랫동안 피어 있으며, 실내 온도에 따라서 석 달까지 유지되는 경우도 많아 인기가 높은 품종입니다.

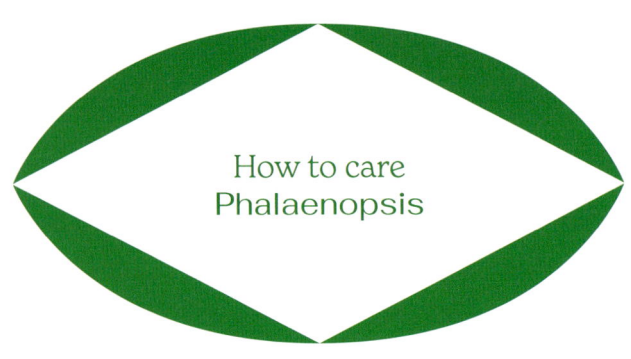

How to care Phalaenopsis

✧   **Light - Indirect**

빛   빛이 들어오는 실내 어디서든 잘 자랍니다. 그러나 강한 직사광선에는 잎이나 꽃이 타기도 해요. 온도가 높고 햇볕이 뜨거운 한여름에는 커튼으로 빛을 가리는 정도로 차광해 주세요. 간접광으로도 잘 자라며 최소 6시간 이상 일조 시간을 주면 좋습니다.

✧   **Temperature - 18~30°C**

온도   생육 적정 온도는 18~30℃입니다. 30℃를 훌쩍 뛰어넘는 열대 지역의 고온에서도 잘 자라지만, 실내 환경에도 쉽게 적응해 실내용으로 인기가 많은 화초입니다. 겨울에는 15℃이상 유지해 주는 것이 좋아요. 15℃보다 낮아졌을 때 물을 주면 뿌리가 금방 썩는데, 만약 이 상태에서도 뿌리가 살아 있다면 온도를 조금 높여 주세요. 다시 활기를 띠며 새잎이 돋기도 합니다. 꽃이 피면 온도는 약간 서늘하게 유지하세요. 20~22℃ 사이를 잘 유지하면 두세 달씩 꽃이 피어 있는 경우도 많답니다.

💧   **Water - Weekly**

물   호접란은 공중 습도가 높은 환경을 선호합니다. 뿌리가 공중에 노출된 채 살아가는 착생란이기 때문이죠. 이러한 특성 때문에 '호접란은 물을 좋아한다'고 설명하기도 하지만, 이 말은 오해를 불러일으킬 여지가 있습니다. 물을 좋아하되 배수가 원활해야 한다는 것이 포인트에요. 보통 화분에 심을 경우, 흙 대신 바크(Bark, 나무껍질)나 난석(휴가토), 수태(Sphagnum Moss)를 이용하는데, 물에 직접적으로 오래 닿는 것을 막기 위함입니다. 정리하면, 호접란은 물을 자주 주는 것보다 공중 습도를 높게 유지하는 것이 좋고 뿌리가 과습 하지 않도록 통풍에 신경 써야 합니다. 물은 두꺼운 이파리가 쭈글쭈글해질 때 또는 식재의 겉 부분이 완전히 마른 다음 1~3일 후에 충분히 주세요. 보통 일주일에 한 번이면 됩니다.

☺   **Pet - Friendly!**

반려동물   지구상에는 정말 많은 난초과의 식물이 있지만, 그 어떤 난초도 반려동물과 접촉하거나 섭취로 인해 유해하다는 보고가 없습니다. 그러니 예쁜 난초를 들이고 싶다면 망설이지 마세요.

Tip - Phalaenopsis
꽃이 다시 필까요?

호접란의 꽃은 화려하고 아름답습니다. 꽃이 피면 기본적으로 한두 달 간 유지되기 때문에 가격을 고려하면 절화를 두는 것보다 훨씬 경제적이에요. 인테리어 효과도 좋고 관리도 쉬운 편이고요. 우리가 구매하는 호접란은 대부분 꽃이 피어 있거나 꽃망울이 생긴 상태이므로 온도나 햇빛에 관해서도 예민하게 신경 쓰며 관리하지 않아도 됩니다. 문제는 꽃이 다 지고 난 후예요. 꽃이 져버리면 길쭉한 줄기와 두꺼운 이파리 몇 장만 남는데, 가끔 새잎이 돋아나기도 해서 죽은 건 아니니 차마 버릴 수 없지만, 보고 있기도 살짝 애매하거든요. 그런 호접란을 보며 고민하시는 분들에게 저는 과감하게 '버리라'고 조언합니다. 물론 '잘' 관리하면 다시 꽃이 피겠죠. 하지만 엄청난 노력과 관심이 필요한 일이기에 '절화보다 오래 봤다'고 만족하면서 죄책감 없이 버려도 괜찮다고 말합니다. 그럼에도 잘 관리해서 다시 꽃을 피우고 싶다면, 햇빛과 온도 관리에 유념하세요.

혹시 '꽃은 극한 환경에 달했을 때 비로소 꽃을 피운다'는 이야기를 들어 보신 적 있나요? 평소에 생장을 위한 환경을 갖춰주는 데 집중했다면, 식물의 꽃을 피우기 위해선 평소와 다른 측면까지 신경 써야 합니다. 그 방법은 다음과 같습니다.

먼저, 밤의 온도가 15~18℃ 사이로 떨어져야 합니다. 낮과의 온도 차는 약 13~15℃ 정도 날 수 있도록 환경을 조성하여 한 달 정도 유지합니다. 이때 빛을 받는 시간도 중요해요. 하루에 8~9시간 정도는 빛을 차단해 줘야 하므로 밤에도 인공조명 사용을 자제합니다. 빛과 온도, 두 마리 토끼를 모두 잡아야 하니 당연히 초보자분들에겐 조금 어렵겠죠? 하지만 이번에 안 되면 실패를 교훈 삼아 다시 도전하면 되니, 집에 꽃이 다 떨어진 호접란이 있다면 정성을 다해 꽃피우기에 도전해 보는 것도 재밌을 것 같아요.

Rhipsalis

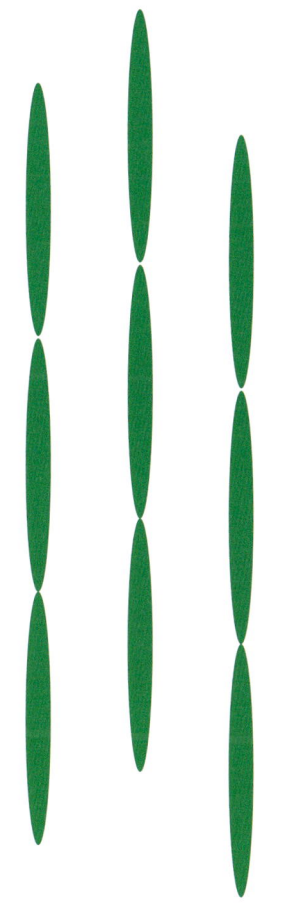

립
살
리
스

취미는 식물입니다.

립살리스

식물과 함께하는 삶을 통해 많은 영감을 받는 동시에 위로도 받습니다. 식물을 만지고 돌보는 일은 저만의 마음챙김Mindfulness방법으로 자리 잡게 되었어요. 그래서 여전히 식물이 있는 삶이 더 아름답다고 생각합니다. 하지만 모든 사람이 식물을 키워야 한다고 생각하진 않아요. 저마다 자신만의 마음을 다스리는 방법이 있을 테니까요. 저는 바로 이게 '취미'라고 생각합니다. 스트레스를 해소하고 마음 돌보는 시간을 갖는 것이요. 이를테면 독서나 요리, 운동을 그런 의미에서 취미라고 말하듯이 식물을 돌보는 일도 취미의 하나라고 말할 수 있다고 생각해요.

다른 취미 생활에 비해 식물 돌보기에서 어려운 점이 있다면 '살아있는 생명'을 다룬다는 것입니다. 모든 취미와 마찬가지로 식물 키우는 일에도 우리의 유한한 시간을 할애해야 합니다. 부담스러운 지점은 바로 여기에서 시작돼요. 식물을 돌보는 시간을 주기적으로 갖지 않으면 금세 시들어버린다는 것. 식물이 시들고 죽는 모습을 보는 건 괴로운 일이지만, 조금은 부담을 내려놓아도 괜찮습니다. 저는 초보 식집사들에게 말해요. "어차피 천년만년 살 수 있는 식물은 없고, 내 의지와 상관없이 시들어버릴 때도 있으니 식물이 죽는 것에 너무 죄책감을 느끼지 말라고. 키우던 식물이 죽으면 또 하나 데려와서 다시 키우면 된다고 생각하며 식물과 함께했던 그 시간 자체에 의미를 두라"고요. 그것이 나와 식물 사이의 시간이든 나만의 정적인 시간이든 중요한 건, '무언가 가만히 들여다보는 시간을 가졌다'는 것입니다. 데려온 식물을 관찰하고, 기본 관리법을 숙지하며 식물의 상태를 체크할 수 있도록 자주 들여다보는 그 과정만으로도 자연스럽게 마음이 좋아지는 것을 느낄 거예요.

취미까지는 아니어도 다행히 요즘은 반려 식물이 트렌드로 자리 잡으면서 식물을 키워보고 싶다고 생각하는 분들이 많아졌습니다. 그래서인지 저에게 첫 반려 식물을 추천해달라는 분들이 유독 많은데요, 지금 소개하는 '립살리스'도 플랜테리어 효과가 뛰어나고 키우기 쉬워 입문용으로 적합합니다. 아래로 늘어지는 성향이 있기 때문에 플랜츠 행거를 활용하거나 선반에 올려 두면 더욱 매력을 발산하죠. 생김새도 종류별로 다르고 독특한 편이라 나만의 공간에 개성을 입히기 좋아요.

이렇게 관리하기 쉬운 식물부터 차근차근 접하면 식물 키우는 재미가 붙어 자연스럽게 취미가 되리라고 믿어요. 창문 앞에 화분 하나만 두어도 나만의 작은 정원이 시작되는 셈이니까요.

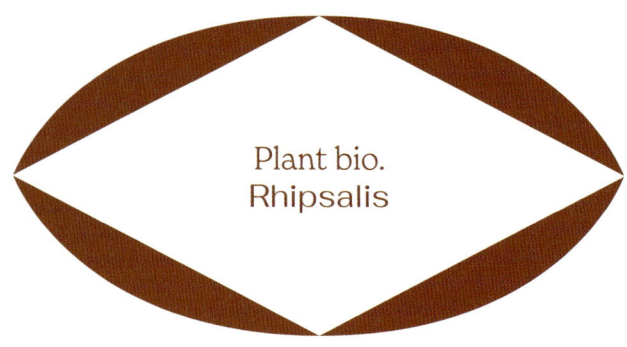

Plant bio.
Rhipsalis

립살리스 속(屬)은 약 60종이 있는 선인장과(Cactaceae)에 속하는 착생식물의 일종입니다. 보편적인 선인장 자생지는 남북 아메리카 대륙과 그 주위의 많은 섬으로 국한되어 있지만, 립살리스는 중앙아메리카부터 남아메리카 북부 열대 지역에 넓게 분포하고, 아프리카와 인도양의 스리랑카, 마다가스카르에도 자생합니다. 선인장과 식물 중 유일하게 아메리카 대륙을 벗어나 자생하는 것이죠. 이는 조류에 의한 전파로 이차적 분포가 형성되어 새로운 환경에 적응하고 진화한 선인장이라고 설명할 수 있습니다. 선인장과에 속하는 식물 중 척박하고 건조한 환경뿐만 아니라 추위에도 잘 버티고 습한 환경에서도 잘 자라는 선인장들이 있는데요, 립살리스 또한 습한 환경을 좋아하고 낮은 조도에서도 잘 자라는 습성을 가지고 있습니다.

How to care
Rhipsalis

◇ **Light - Indirect**

빛 립살리스는 직사광선을 좋아하지 않는다는 점에서 다른 선인장들과 다릅니다. 햇볕을 너무 많이 쬐면 시들기도 해요. 실내에서 키울 때는 창문을 통해 여과된 빛이 들어오는 곳이라면 어디든 잘 적응합니다. 단, 북향 창문 앞은 조금 어두울 수 있으니 조명을 켜주는 게 좋아요.

◈ **Temperature - 20~27°C**

온도 아열대 및 열대 기후 지역에서 자생하기 때문에, 겨울철 최저 온도는 15℃이상 유지해 주세요. 보통 가정집의 실내 온도는 그 이상이므로 겨울에도 문제없이 잘 키울 수 있습니다. 만약, 1층 상업 공간에서 키운다면 온도가 급격히 내려가는 밤에는 꼭 보조 난방 장치를 옆에 켜두세요. 그렇지 않으면 냉해를 입거든요. 일정한 실내 온도와 밝은 빛을 유지하면 크게 노력하지 않아도 일 년에 몇 번씩 작고 귀여운 하얀 꽃과 열매를 볼 수 있습니다.

💧　　　　　　Water - Weekly

물　　　선인장 중에서는 물을 좋아하는 편입니다. 흙을 배합할 때 다른 선인장을 심을 때보다 배양토의 비율을 높여주세요. 흙의 보수력을 높이면 뿌리가 더 오랫동안 물을 먹을 수 있으니까요. 물은 화분의 흙이 말랐을 때 흠뻑 줍니다. 환경에 따라 다르겠지만, 보통은 1~2주에 한 번 주세요. 깜빡하고 잊어도 어느 정도 버텨주는 식물이기에 초보자도 키우기 쉽습니다.

주의할 점은 습한 환경을 좋아한다고 해서 물을 너무 자주 주면 안 된다는 거예요. 공중 습도가 높은 환경에서 잘 자라지만, 흙이 마르지 않고 계속 젖어 있으면 과습으로 인해 줄기가 떨어지거나 검게 변하고, 뿌리가 물을 빨아들이지 못해 말라죽기도 합니다. 그러니 환기에 신경 써서 흙이 잘 마르도록 도와주세요. 립살리스는 물이 부족하면 줄기가 쪼글쪼글해지기 때문에 물이 필요한 때를 금방 알아챌 수 있습니다. 과습 혹은 건조 시 초반에 줄기 몇 개가 상하는 현상이 발견될 거예요. 이때 이를 제거하고 2~3주 정도 신경 써서 돌보면 그 후에 다시 잘 자랍니다.

☺　　　　　　Pet - Friendly!

반려동물　　사람이나 반려동물이 섭취해도 무해한, 독성이 없는 식물입니다. 열대 지방에서는 단맛이 나는 열매를 먹기도 합니다.

○　　　　　　Repotting - Easy

분갈이　　립살리스는 분갈이를 자주 하지 않아도 되는 식물입니다. 줄기는 잘 자라지만 뿌리는 줄기에 비해 발달이 약하기 때문에 한 번 분갈이하면 몇 년간 신경 쓰지 않아도 될 만큼 오랫동안 한 화분에서 키울 수 있어요. 그러니 립살리스를 반려 식물로 들였다면, 초반에 바로 분갈이해주는 것을 추천합니다. 방법은 아주 간단해요. 기존 화분

보다 한 치수 큰 화분을 준비하고, 원활한 배수를 위해 입자가 굵은 자갈을 바닥에 깔아줍니다. 기존 화분에서 줄기가 다치지 않도록 립살리스를 조심히 꺼낸 다음 새로운 화분에 넣고 빈틈에 부드러운 새 흙을 채워주세요. 마지막으로 물을 흠뻑 주고 물구멍으로 물이 빠져나가면 원하는 장소에 둡니다.

Pest - Caution

병충해　립살리스는 병충해나 질병에 큰 어려움 없이 관리할 수 있지만, 종종 뿌리가 무르거나 썩는 현상이 발생하기도 합니다. 흙이 계속 축축한 상태로 있을 때 발생하는 문제점이죠. 그 징후는 다음과 같습니다. 줄기 밑부분이 검고 흐물흐물해지다가 줄기가 뚝뚝 끊어지며 떨어지기 시작합니다. 이때 빨리 알아챘다면 깨끗이 소독한 가위로 이 부분을 잘라냅니다. 부패가 심할 때는 영향받지 않은 부분을 잘라낸 후 단면을 말린 다음, 물이 잘 빠지는 신선한 흙에 심어 영양번식을 합니다.

Staghorn Fern

박
쥐
란

Honeymoon in Portland.

박쥐란

박쥐란을 보면 제 신혼여행이 생각납니다. 2017년 어느 화창한 날 결혼식을 올리고, 그해 12월 미국 오리건주의 포틀랜드로 21일간의 신혼여행을 떠났습니다. 포틀랜드는 커피와 수제 맥주가 유명한 곳이었는데, 꼭 가보고 싶었던 식물집도 많았습니다. 한적한 곳에 위치한 숙소에서 매일 아침 느지막이 일어나 좋아하는 카페에 가거나 동네 구경을 하며 시간을 보냈습니다. 멋진 편집숍과 식물집, 공원에 가고 때로는 미술관에도 들렸죠. 저녁이면 바에서 술 한잔하며 밤새 이야기를 나누고요. 그 모든 시간이 기억에 남지만, 식물집 'Pistils Nersery'에서 들었던 원데이 클래스가 유독 선명합니다. 이날 배운 수업의 식물은 '박쥐란 목부작'이었습니다.

만드는 방법은 제가 알고 있는 내용과 같았지만 수업 분위기와 흐름이 신선했어요. 크리스마스를 며칠 앞둔 평일 저녁, 퇴근 시간 이후 진행된 수업은 와인을 마시며 캐주얼하게 진행됐습니다. 수업 전 가볍게 서로 인사를 나누고 스스럼없이 대화하는 분위기 속에서 자연스레 긴장이 풀렸어요. 꽤 많은 인원이 함께했지만, 어수선하지 않고 즐거운 수업이었습니다. 이후로 저도 가끔 진행되는 위드플랜츠의 저녁 수업에서는 항상 와인을 준비해두고 있어요. Pistils Nersery뿐만 아니라 포틀랜드에서 들었던 저녁 클래스 대부분은 와인과 함께 했는데, 수업 분위기가 한층 좋아지는 것을 경험했거든요.

밝은 에너지로 가득했던 수업이 끝나고 겨울밤 추위를 견디며 남편과 함께 자전거로 숙소에 돌아왔습니다. 3주간 우리 집이 되어준 그곳에 그날 만든 박쥐란을 예쁘게 걸어 두었어요. 한국에 가져오는 것도 번거롭거니와 집주인에게 선물하고 싶은 마음에 남겨뒀는데, 그날의 박쥐란은 여전히 그 집에서 잘 지내고 있을까요? 가끔 궁금합니다.

지금 저희 집에는 두 개의 박쥐란이 있습니다. 하나는 벽에 걸 수 있도록 액자처럼 만든 '목부작'♣이고, 또 다른 하나는 예쁜 화분에 심었어요. 화분에서도 충분히 잘 자라주고 있지만 좀 더 크면 착생할 수 있도록 목부작을 만들어줄 생각입니다.

어떤 시작을 식물과 함께하는 것도 의미 있다는 생각이 들어요. 오래도록 곁에 두고 키우는 것이 가장 좋겠지만, 행여 죽었다고 너무 자책하지 마세요. '의미 있는 식물이 있다는 것'만으로도 위안이 되니까요. 저 역시 신혼여행 때 만든 박쥐란은 포틀랜드에 두고 왔지만, 여전히 그리고 앞으로도 저에게 박쥐란은 포틀랜드의 신혼여행을 떠오르게 할 의미 있는 식물로 남았습니다.

♣ 목부작(木附作) : 난초나 분재 등을 고목에 붙여 자라게 하여 만든 관상용 장식품

Plant bio.
Staghorn Fern

꽃이 피지 않고 포자로 번식하는 양치식물로 고사리목 고란초과(Polypodiaceae)에 속합니다. 박쥐란은 그중에서도 박쥐란 속(屬)[또는 플라티케(Platycerium) 속]에 속하며 18여 종이 있습니다. 착생식물로 나무나 바위에 붙어 자라는데, 나무에 붙어 있는 뿌리줄기에서 두 가지 잎이 모여 나옵니다. 이를 '영양엽'과 '생식엽'이라고 해요. 원산지는 남아메리카, 아프리카, 동남아시아, 호주, 뉴기니의 열대 및 온대 지역입니다. 비교적 널리 분포되어있는 만큼 환경에 예민한 식물은 아니니, 이국적인 플랜테리어를 원한다면 키워 보는 것을 추천합니다.

박쥐란 목부작의 물주기

생식엽

생식엽

영양엽

☞ **Tip - Staghorn Fern**
영양엽과 생식엽

박쥐란은 뿌리줄기에서 '영양엽'과 '생식엽' 두 가지 잎이 모여 나옵니다. 먼저, 영양엽(營養葉)은 뿌리줄기를 감싸고 있는 콩팥 모양의 잎을 말해요. 식물의 뿌리를 보호하고 물과 영양분을 흡수하는 역할을 하죠. 새잎은 초록색이지만 결국에는 갈색으로 변하고 건조해집니다. 때문에 간혹 식물이 죽어간다고 착각하시는 분도 많은데요, 지극히 정상적인 변화이니 너무 놀라지 마세요. 어린 박쥐란은 화분에 심어 키우기도 하지만, 착생식물이기 때문에 일정 크기 이상 자라면 착생 성질을 살려 나무나 바구니에 매달아 주세요. 영양엽이 커지면서 매달린 나무나 바구니를 감싸 안는데, 이때 박쥐란의 진가와 매력이 두배로 발휘됩니다. 오랜 잎은 마르지만, 또 계속해서 새잎이 나올 테니 걱정 마세요.

한편, 생식엽(生食葉)은 위로 자라는 잎을 말합니다. 2~3개로 갈라진 잎이 수사슴의 뿔staghorn과 닮아서 박쥐란은 영어로 'Staghorn Fern'이라 불러요. 우리나라에서는 박쥐가 매달려 있는 것처럼 보인다고 하여 '박쥐란'이라 부르고요. 잎의 뒷면엔 번식을 위한 포자가 달려있고 미세한 솜털도 있습니다. 이 잎을 통해 영양분과 수분을 흡수하기 때문에 솜털은 제거하지 않는 게 좋습니다.

How to care
Staghorn Fern

◇　　　**Light - Indirect**

빛　　　양치식물이니 음습한 곳을 좋아한다고 생각할지도 모르겠어요. 습한 환경을 선호하는 것은 맞지만, 박쥐란은 밝은 빛이 필요합니다. 단, 한여름의 강한 직사광선은 예외예요. 직사광선을 받지 않는 실내에서는 가장 밝은 곳에 두는 것이 좋습니다. 만약, 인공조명을 사용한다면 조도가 높은 '식물등'을 추천해요. 빛이 전혀 들어오지 않는 지하라면 꼭 한 번 조명을 체크한 후 들이길 권합니다.

◇　　　**Temperature - 15~30°C**

온도　　　다른 실내 식물에 비해 내한성이 강한 편이라 0℃이하로 떨어지지 않으면 월동도 한다고 해요. 하지만, 제 경험상 겨울에도 5℃ 이상 유지해 주는 것이 좋습니다. 최고 37℃까지 견디지만, 식물이 가장 좋아하는 생육 적정 온도는 15~30℃입니다. 야외에 두었다면 가을과 겨울 사이에는 특별히 관심을 기울여주세요. 일교차가 점점 커지면서 낮에 따뜻하더라도 밤에는 온도가 많이 내려갈 수 있으니까요. 최저 온도를 체크하며 필요시 실내로 옮기는 게 좋습니다.

💧 **Water - Weekly**

물　　　물 주는 방법은 두 가지입니다. 자주 물 스프레이를 뿌려주거나 물에 담갔다 빼는 것. 스프레이는 식물 주변에 전체적으로 뿌려주되, 뿌리줄기 부분에 더 집중하세요. 물에 담가 둘 때는 뿌리줄기 부분이 완전히 물속에 잠길 수 있도록 해주세요. 시간은 약 10~20분 정도면 충분합니다. 더운 여름에는 일주일에 한두 번, 겨울에는 2~3주에 한 번 물에 담갔다 빼면 됩니다. 박쥐란은 뿌리줄기뿐만 아니라 잎을 통해서도 수분을 흡수합니다. 습한 환경을 정말 좋아한다고 볼 수 있죠. 욕실처럼 습도가 높은 환경에 있다면 굳이 물을 자주 뿌리지 않아도 되지만, 빛을 많이 받거나 온도가 높은 공간에 있다면 물을 더 자주 주세요. 잎이 말라가는 게 쉽게 눈에 띄니 물이 부족해 보인다면 늦지 않게 수분을 공급합니다. 과습도 조심해야 하는데요, 뿌리줄기 부분을 감싸는 영양엽이 검게 변하고 있다면 과습의 징후가 보이는 것이므로 물 주는 횟수를 줄이는 게 좋습니다. 특히 겨울에는 과습에 더 유의하세요.

☞ **Tip - Staghorn Fern**
박쥐란 목부작 만들기

목부작은 착생식물을 나무에 부착해 자라게 만드는 일종의 관상용 장식품입니다. 박쥐란을 오래 키우기 위해서는 이 과정이 꼭 필요해요. 이미 만들어진 목부작을 분갈이하는 것은 그 방법과 형태 모두 어렵지만, 굳이 필요한 과정도 아닙니다. 하지만 화분에 심어진 작고 어린 박쥐란을 오래 키우고 싶다면, 목부작으로 만들어 보는 것을 추천해요.

1. 먼저 나무를 준비합니다. 평평한 나무도 좋고, 고목도 좋아요.
2. 식물을 고정할 수 있도록 나무에 못을 박아 가이드라인을 만듭니다. 평평한 나무에 만들 때는 동그란 원을 그리듯이 약 8~10개 정도의 못을 박아줍니다. 식물보다 크게 그려주세요.
3. 화분에서 식물을 꺼내 뿌리줄기 주변에 수태나 이끼를 감싸 나무 위에 올려 둡니다. 이때 이끼와 수태는 아끼지 말고 가득 채워주세요.
4. 실이나 낚싯줄로 못과 못 사이를 엮어가며 박쥐란을 감싼 이끼가 떨어지지 않도록 단단하게 고정해 줍니다. 이때 주의할 점은 영양엽이 나올 부분이 다치지 않는 거예요. 영양엽은 계속해서 새잎이 나오므로 식물 중심 부 쪽은 여유 있는 공간을 남겨 두세요.
5. 벽에 걸어도 떨어지지 않을 정도가 되었다면 매듭을 묶어준 후 물에 약 10분 정도 담가줍니다.
6. 건져낸 목부작에서 물이 떨어지지 않으면, 원하는 곳에 걸어 장식합니다.

Peace Lily

스파티필름

NASA Clean Air Study

스파티필름

'스킨답서스' 편에서 살짝 언급했지만 'NASA선정 공기 정화식물'이 있습니다. 미국항공우주국NASA과 미국조경협회ASLA가 우주 정거장의 공기를 깨끗이 하고 유해오염 물질을 제거하기 위한 협력 연구를 진행했는데, 바로 이 프로젝트가 'NASA 공기 청정 연구NASA Clean Air Study'의 시작입니다. 연구 보고서는 1989년 'Interior Landscape Plants For Indoor Air Pollution Abatement'라는 제목으로 발표됐습니다. 연구 결과는 지금까지도 여러 분야에 큰 영향을 끼칠 만큼 유효하죠. 하지만 사방 1m정도의 밀폐된 공간에서 진행한 실험이기에 일반 사람들이 생활하는 넓은 실내에서도 적용할 수 있을지 의문이 제기됐어요. 이러한 의문점을 해소하고자 밀폐된 공간에서의 실험이 아닌, 실제 주거 공간으로 만든 'Bio home'에서 많은 후속 연구가 이루어집니다. 처음에는 12종의 식물로 시작했던 연구에서, 지금은 'NASA선정 공기정화식물'이 50종까지 나오게 된 이유가 여기 있습니다.

실내에서 키울 식물을 추천해 달라고 할 때, 저는 항상 "NASA선정 공기정화식물에서 고르라"고 말해요. 유행하는 식물도 좋지만, 실내에서 잘 큰다는 것이 연구 결과로 보장된 식물이 입문자들에게는 첫 번째 요건이라고 생각하니까요.

오랫동안 실내 식물로 사랑받아 온 '스파티필름'을 설명하는 대표 수식어는 'NASA선정 공기정화식물'입니다. 포름알데히드, 벤젠, 일산화탄소 등 실내 공기 오염 물질을 제거하는데 탁월한 효과가 있어요. 게다가 크게 신경 쓰지 않아도 꽃을 잘 피웁니다. 조도가 낮은 실내 환경에서 꽃을 피우는 식물은 흔치 않기 때문에 스파티필름은 더욱 특별해요. 꽃은 적정 온도와 밝은 실내 환경만 갖춰지면 일 년에 두세 번 피고 지기를 반복합니다. 일단 봄이 오면 피기 시작하죠. 식물의 미적, 기능적 역할을 충분히 해내는 고마운 식물이지 않나요? 저에게는 가끔은 너무 흔해서 예쁜 줄 모르다가도 없으면 허전하고 아쉬운 식물입니다. 때때로 피어나는 꽃은 식물을 키우는 기쁨을 두 배로 느끼게 해주고요.

Plant bio.
Peace Lily

천남성과(Araceae) 스파티필름 속(屬)에는 약 40여 종이 있습니다. 아메리카와 동남아시아 열대 지역에 자생하며 숲속의 큰 나무들 아래처럼 따뜻하면서도 습하고 적당히 차광된 곳에서 잘 자랍니다. 가정에서도 이러한 조건을 맞춰주면 더욱 잘 키울 수 있을 거예요. 영어로는 'Peace Lily' 즉, '평화의 백합'이라고 해석할 수 있습니다. 하얀 포엽이 꼭 백기(White Flag)를 들고 있는 것처럼 보여서 이름에 평화(Peace)가 들어갔다고 해요. 영어 이름에 백합(Lily)이 들어가서 백합과 식물로 혼동하는 경우도 있지만, 앞서 언급했듯 천남성과입니다. 꽃이 마치 백합처럼 보인다고 해서 붙여진 이름일 뿐이에요.

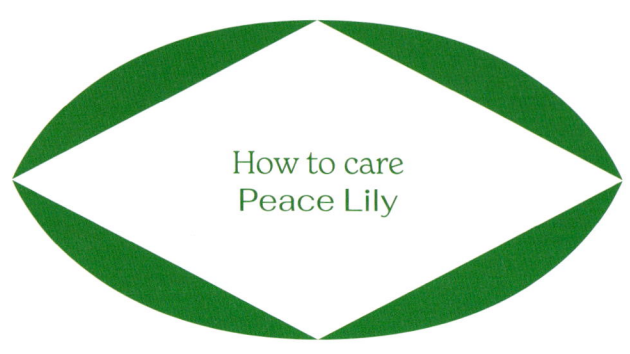

How to care
Peace Lily

◇　　　**Light - Low**

빛　　스파티필름은 어두운 곳에서도 잘 자라지만 너무 오래 어두운 곳에 있으면 꽃이 피지 않으니 밝은 실내로 옮겨 주세요. 그래도 다른 식물에 비하면 그늘이나 반그늘에서도 잘 자라는 편이기에, 조도가 낮은 공간에 둘 식물을 찾는다면 추천해요. 실내 조명만으로도 충분히 광합성을 하므로 활기가 필요한 책상 위나 어두운 코너 공간에 배치하면 좋습니다. 꽃은 보기 어려워도 싱그러운 이파리는 충분히 볼 수 있습니다.

⊕　　　**Temperature - 19~25°C**

온도　　19~25℃의 일정한 온도를 가장 좋아합니다. 추위에 매우 약해서 15℃이하는 위험하고, 급격한 온도 변화에도 예민한 편이에요. 겨울에 차가운 공기가 들어오는 입구나 창문 앞에 두면 냉해를 입기 쉬워요. 여름 기온이 높아지면 삼투압 현상으로 이파리의 수분을 빼앗겨 잎끝이 마를 수 있습니다. 실내가 건조하다면 이파리에 물 스프레이를 자주 뿌려 주세요.

💧　　　　**Water - Weekly**

물　　　스파티필름을 키울 때 많은 분들이 범하는 실수가 '과습'입니다. 수경 재배에는 강하지만 흙이 과습한 상태일 때는 매우 약해져요. 과습은 스파티필름이 죽는 가장 흔한 이유입니다. 일주일에 한 번 물을 주는 것보다 일주일에 한 번 흙을 체크한다는 생각으로 관리하는 게 좋아요. 속흙까지 모두 말랐다면 그때 물을 충분히 주세요. 저는 가끔 식물이 축 늘어질 기미가 보일 때까지(혹은 이미 늘어지고 난 후) 기다렸다가 물을 듬뿍 줍니다. 흙 마름에 강한 식물이기에 과습보다는 오히려 이 방법이 스파티필름을 더 오래 기를 수 있어요. 여기서 유의할 점은 흙이 너무 마르면, 흙이 수축하면서 생긴 화분 속 빈틈 사이로 물이 다 새어 나가 흙을 충분히 적시지 못하는 상황이 발생할 수 있다는 것입니다. 흙이 물을 충분히 머금었는지 파악하기 어렵다면, 관수 전후로 화분을 들어 무게를 가늠해 보는 것도 괜찮은 방법이에요. 드립 커피를 내리듯 천천히 물을 주면 서서히 흙이 젖고, 바닥에도 많은 물이 고이지 않기 때문에 깔끔하게 주변을 정리할 수 있습니다. 큰 대야에 물을 받아 두고 30분 정도 화분을 담그는 것도 추천합니다.

☺　　　　**Pet - Attention**

반려동물　　천남성과 식물은 모두 독성을 가지고 있습니다. 그러나 꽃과 잎, 줄기 등을 섭취하지 않는 이상 존재 자체만으로는 어떤 위험도 없어요. 다량 섭취 시 구토와 위경련을 유발할 수 있으니 반려동물이나 어린아이가 식물을 뜯어 먹는 버릇이 있다면 손이 닿지 않는 곳에 놓아두세요.

☞ **Tip - Peace Lily**

꽃잎이 아니에요

스파티필름의 아름다운 하얀색 꽃잎은, 사실은 도깨비방망이처럼 생긴 '육수꽃차례'♣를 감싸고 있는 포엽♣♣입니다. 진짜 꽃은 기다란 육수꽃차례의 꽃대 옆에 붙어 있는 수많은 '잔꽃'이에요. 그래서 꽃이 피고 나면 여기서 노란 꽃가루가 떨어지기도 합니다. 꽃잎처럼 생긴 포엽은 '불염포'라고 부르는데요, 불염포는 작고 여린 꽃을 보호하기 위해 꽃을 완전히 감싸는 역할을 합니다. 일반적인 꽃잎의 역할을 대신하는 거죠. 스파티필름(Spathiphyllum)이라는 이름도 이러한 특징을 그대로 담고 있습니다. 그리스어로 불염포는 'Spathe', 잎은 'Phyllon'로 이 두 단어가 합쳐져 'Spathiphyllum'이 되었어요.

♣ 육수꽃차례 : 꽃이 피는 모양 중 하나로, 꽃대 주위에 꽃자루가 없는 수많은 작은 꽃들이 피는 꽃차례
♣♣ 포엽 : 잎이 변형된 형태로, 꽃이나 꽃받침을 둘러싸고 있는 작은 잎

☞ **Tip - Peace Lily**
　　　포기나누기

스파티필름의 분갈이 시기는 화분이 식물로 꽉 차서 작아 보일 때입니다. 혹은 식물 자체는 튼튼하고 건강한데 오랫동안 꽃을 피우지 않으면 그때도 분갈이가 필요합니다. 영양 공급이 부족해 꽃피울 힘이 없다는 증거이니까요. 키우기 쉽고, 성장력도 좋은 편이라 2년에 한 번 분갈이를 권장합니다. '스킨답서스'나 '몬스테라'처럼 줄기를 잘라 물에 꽂아두는 물꽂이는 불가능하지만, '산세비에리아'처럼 포기나누기를 통해 식물을 늘릴 수 있습니다.

스파티필름을 하나로 풍성하게 키우고 싶다면 기존 화분의 1.5~2배 정도 크기의 화분으로 옮기는 게 좋고, 기존 화분을 그대로 사용하고 싶다면 비슷한 사이즈의 화분을 하나 더 준비한 다음 포기나누기를 하세요.

분갈이 시 뿌리가 많이 자랐다면 약 30%정도 제거한 후, 영양분이 충분한 배양토를 넣어 주세요. 화분이 크다면 마사토나 펄라이트를 배양토에 섞어 배수가 잘되는 환경을 만들어주는 것이 좋습니다. 배수가 잘되지 않으면 뿌리가 썩을 수 있으니, 평소에도 흙의 수분도를 자주 체크해 주세요.

Norfolk Island Pine

아
라
우
카
리
아

마이 메리 크리스마스

아라우카리아

여러분은 어릴 적 크리스마스에 어떤 선물을 받고 싶었나요? 저는 자고 일어나면 머리맡에 놓여있는 예쁜 포장의 선물보다 더 큰 게 갖고 싶었어요. 조금 부끄럽지만, 외국 영화에 나오는 크고 멋진 '크리스마스트리'를 가지는 게 꿈이었습니다. 적당한 사이즈 말고 천장까지 닿는 크고 풍성한 진짜 나무요. 제 키보다 훨씬 큰 나무에 화려한 조명과 예쁜 오너먼트를 달고 그 밑에는 선물이 수북이 쌓여있는, 영화 같은 모습을 꽤 오랫동안 동경했습니다. 물론 받고 싶은 선물도 있었지만 그보다도 그저 큰 나무가 갖고 싶었어요. (참고로, '구상나무'나 '가문비나무'가 우리가 알고 있는 크리스마스트리로 많이 사용되고 있습니다.)
크리스마스를 특별하게 여기지 않으셨던 부모님의 영향

으로 저 역시 큰 이벤트 없이 매년 크리스마스를 보내왔지만, 그렇다고 크리스마스트리를 장식해 본 기억이 없는 것은 아니에요. 동네 문구점에서 파는 오너먼트와 반짝이는 화려한 색의 호일 갈란드로 집에 있는 나무를 장식하곤 했거든요. 그 나무는 크리스마스트리와 비슷하게 생겼지만, 가지에 힘이 없어 오너먼트를 달면 축축 처졌습니다. 가벼운 호일 갈란드만 둘렀기에 당연히 제가 동경했던 크고 풍성한 크리스마스트리의 모습이 아니었죠. 그래서 어릴 땐 그 나무가 정말 싫었어요. '이것만 없으면 나도 크리스마스트리를 사달라고 말해볼 수 있을 텐데…' 하면서요. 결국 초등학교 때 트리를 사달라고 부모님께 떼를 썼고 덕분에 1m짜리 하얀색 인조 트리가 집에 생겼지만, 당연히 제 성에 차지 않았습니다.

예리하신 분들은 짐작하셨겠지만, 그 당시 집에 있었던 가지가 부드럽고 단단하지 않아 오너먼트를 달면 힘없이 축축 처지던 그 나무가 '아라우카리아'입니다. 제가 기억할 수 있는 아주 어린 시절부터 저희 집에는 아라우카리아가 있었어요. 그땐 당연히 이름도 모르고 관심도 없었지만 어린 기억 한구석에 언제나 배경처럼 남아있는 나무입니다. 잎끝이 뾰족해 찔릴 것 같지만 만지면 부드러워서 꽤 자주 손으로 쓱쓱 쓰다듬었던 촉감도 기억납니다. '왜 하필 우리 집에 있을까?' 생각하면서 한참 쳐다

봤던 기억도 있고요. 오랜 시간 엄마가 돌보던 그 나무는 제가 중학교를 졸업하고 서울로 이사 오면서 저희 가족과 이별했고(아마도 주변 지인에게 준 듯합니다.), 그렇게 제 기억 속에서도 점점 잊혔습니다.

그런데 참 희한하게도 위드플랜츠를 시작하고 농장에 갈 때마다 눈에 들어오는 식물이 아라우카리아였어요. 매장에 꼭 하나쯤은 남아있고, 플랜테리어 컨설팅 할 때도 어쩐지 자주 쓰게 됩니다. 어릴 때는 그렇게도 미웠던 나무가 지금은 좋아하기로 손에 꼽는 식물이 되었습니다. 오랜 기억 속에 남아있는 식물인지라 친숙한 면이 있어서 그럴 텐데, 그 기억이 점점 미화되는지 그렇게도 예뻐 보이더라고요. 식물 키우기에 난이도가 있다면 초급에 해당할 만큼 키우기도 무난한 편이고, 관상 가치가 떨어질 일도 아주 드물어요. (관상 가치가 낮아지는 대표적인 예로, 식물 생장에는 문제가 없지만 공중 습도가 떨어지면 잎 끝이 마르는 현상 등이 있습니다.) 수형♣도 작은 것부터 큰 것까지 다양하고 아름다워 많은 사람에게 추천하는 식물이 되었습니다.

다가오는 크리스마스엔 아라우카리아를 트리로 활용해보는 거 어떠세요? 가지에 힘이 없어 무거운 오너먼트는 달지 못해 화려하진 않지만, 단출하게 꾸미는 깔끔한 크리스마스트리도 색다른 매력이 있답니다.

♣ 수형(樹形) : 식물 전체의 모양

Plant bio.
Norfolk Island Pine

우리나라에서는 학명 '아라우카리아 헤테로필라(Araucaria Heterophylla)'를 그대로 부릅니다. 영명은 'Norfolk Island Pine'으로 호주의 'Norfolk Island'가 원산지라 붙여진 이름입니다. 수형이 삼나무와 비슷해 '호주 삼나무'라고도 부르지만, 삼나무와 달리 '암수딴그루'입니다. 아라우카리아 속(屬)은 남태평양 전역에서 발견되며 이 지역에서만 15종이 자생하고 있습니다. 원산지에서는 70m까지 자라는데, 실내 화분의 경우 최대 3m내외로 자랍니다. 상록 침엽수로 바늘 잎을 가지고 있지만 단단하지 않기 때문에, 만져도 따갑지 않고 찔리거나 긁힐 일도 거의 없습니다. 공기정화 능력이 뛰어나고 재배가 쉬워 실내 식물로 인기 많은 수종입니다.

How to care
Norfolk Island Pine

◇ **Light - Direct**

빛　　반양지, 반음지에서도 잘 자라지만 밝은 곳, 직사광선을 좋아합니다. 따뜻한 날에는 빛이 잘 들어오는 창가에 두고 창문을 열어주세요. 빛이 들어오는 방향에 따라 화분을 자주 돌려가며 빛을 골고루 받도록 해줍니다. 어두운 곳에 두거나 흐린 날에는 식물 조명을 사용하여 광합성 할 수 있도록 밝게 유지해 주세요. 아라우카리아를 더 빨리 자라게 하고 싶다면, 여름에 부분적으로 그늘이 지는 야외에 두는 것도 좋습니다. 실제로 봄부터 초가을까지 밖에 두고 키웠더니 줄기 밑동이 두꺼워지는 것을 발견했습니다. 실내에서만 키웠다면 줄기가 그만큼 빠르게 두꺼워지는 일은 없었을 거예요. 아라우카리아뿐만 아니라 대부분의 실내 식물이 그렇습니다. 따뜻한 곳이 원산지이기 때문에 밝은 빛을 받으며 튼튼하게 자랄 수 있도록 하고, 첫서리가 내리기 전에는 실내로 들여 놓아주세요.

◈　　　**Temperature - 19~25°C**

온도　　생육 적정 온도는 19~25℃이며 추위에 약하기 때문에 겨울에도 10℃이상 유지될 수 있는 환경 조성이 필요합니다. 겨울철 실내 온도가 15℃이상일 때 생장도 지속됩니다. 더운 여름과 추운 겨울에는 냉난방기의 바람이 식물에 직접 닿지 않도록 멀리 두거나 바람막이를 설치해 주세요. 건조나 냉해로부터 식물을 보호할 수 있습니다.

💧　　**Water - Weekly**

물　　봄부터 가을까지는 겉흙이 마르면 물을 충분히 주고, 최저 기온이 서서히 내려가는 11월부터는 속흙까지 마르면 물을 줍니다. 가정마다 재배 환경이 다르겠지만 평소 3~4일에 한 번 물을 줬다면 겨울에는 1~2주일에 한 번 줘도 충분해요. 이때 주의할 점은 난방으로 인해 식물이 건조한 환경에 노출되는 것입니다. 가정집의 온돌 난방도 실내를 건조하게 만들지만, 상업 공간의 난방기는 뜨거운 바람이 공중 습도를 크게 낮춰 식물이 건조함에 노출되기 쉽습니다. 그래서 오히려 여름보다 겨울에 물을 더 자주 줘야 할 때가 있어요. 그러니 흙의 상태를 항상 체크하고 물주는 습관을 들이는 것이 좋습니다. 너무 건조할 때는 식물 주변에 분무기를 분사하거나 가습기를 켜는 것도 방법입니다. 식물의 건조한 상태가 지속되면 나뭇가지 끝부터 갈색으로 변하며 마르기 때문에 주의가 필요합니다.

☺　　**Pet - Attention**

반려동물　　약간의 독성이 있어 섭취 시 구토를 유발하거나 구강 또는 위에 자극이 될 수 있습니다. 반려동물이 식물을 뜯어 먹는 습관이 있다면 가급적 접촉하지 않는 곳에 놓아주세요.

☞ **Tip - Norfolk Island Pine**

모든 식물의 분갈이는 식물이 새로운 성장을 보이기 시작하는 '봄'에 하는 것이 가장 좋습니다. 기존 화분에서 뿌리와 흙을 약 20~30%정도 제거하는데, 이 과정에서 손상을 입더라도 빨리 회복할 수 있는 시기가 성장이 가장 활발한 봄이기 때문입니다. 아라우카리아는 천천히 자라므로 2~4년마다 분갈이해 주면 오랫동안 튼튼하게 키울 수 있습니다.

다가오는 크리스마스엔 아라우카리아를 트리로 활용해보는 거 어떠세요? 가지에 힘이 없어 무거운 오너먼트는 달지 못해 화려하진 않지만, 단출하게 꾸미는 깔끔한 크리스마스도 색다른 매력이 있답니다.

Lacy Tree

셀로움

Be careful

셀로움

셀로움은 가장자리의 프릴Frill이 아름다운, 커다란 이파리를 가진 식물입니다. 잎의 프릴때문에 영어로는 'Lacy Tree'라고 부릅니다. 숱이 풍성하고 공간을 싱그럽게 채워줘 플랜테리어에 제격이죠. 그동안 여러 번 작업실을 옮겼지만 밝은 조도와 따뜻한 온도를 항상 유지해줬기에 셀로움은 그 어디에서도 시들지 않고 잘 자라주었습니다. 선명한 초록색과 풍성한 수형(樹形)을 보고 손님들이 종종 '조화'냐고 물어볼 만큼 작업실에서의 존재감이 확실한 식물이었죠.

하지만 저희 집에서는 달랐습니다. 처음 셀로움을 들인 지 반년 만에 저 세상으로 보냈거든요. 죽은 셀로움은 연식이 꽤 있어 두껍고 튼튼한 나무줄기를 멋지게 뽐냈고

몸값 또한 수십만 원에 달했습니다. 화분 거래처 사장님께 결혼 선물로 받은(거의 뺏어오다시피 한) 의미 있는 화분에 고심하며 심은 녀석으로 작업실에서 2년 정도 잘 지냈지만, 첫 신혼집에서의 겨울을 버티지 못했습니다. 한낮에도 영하 17℃에 육박하는 혹독한 겨울이었고 오래된 집이라 거실 웃풍이 강했는데, 창가에 바짝 붙여 놓고 난방은 끈 채 제가 따뜻한 나라로 열흘간 여행을 떠난 게 화근이었습니다. 즐거운 여행을 마치고 집에 돌아왔을 땐 냉해를 입은 셀로움이 저를 기다리고 있었어요. 오래된 집이라 해도 작업실보다 따뜻하다고 방심한 탓에 아끼던 식물을 잃고 나니 속상함을 넘어 자책감이 몰려왔습니다. '내가 얼마나 아끼던(비싼) 식물인데…'하면서요. 수업 때마다 강조하는 말이 "겨울에는 창가에서 멀리 떨어진 곳에 두세요. 실내 온도가 따뜻해도 겨울철 창가는 온도가 낮기 때문에 식물이 냉해를 입을 수 있습니다"였는데 그 누구도 아닌 제가 조금 귀찮다는 이유로 이례적인 추위가 불어닥친 그해, 그 추운 집 창가에서 안으로 들여놓지 않고 게다가 난방도 끈 채 여행을 떠났으니… 저 말고 누구를 탓하겠어요.

그렇게 첫 번째 셀로움을 보내고 난 뒤 이사한 집에 두 번째 셀로움을 들였습니다. 혹시 모를 사태에 대비해 이번에는 가격이 1/5 정도로 낮은 녀석을 선택했어요. 연식

이 오래되지 않고 아직 나무줄기가 나오지 않은 어린 식물이었기에 가격은 이전보다 저렴했지만, 두 번째 셀로움도 풍성하고 큰 사이즈를 자랑했습니다. 이 아이도 작업실에서 1년 정도 키우다가 집으로 데려갔어요. 당시 작업실은 서향에 햇빛이 깊숙이 들어오는 곳으로 한겨울에도 낮에는 난방이 필요 없을 정도로 따뜻하고 밝았습니다. 별로 신경 쓰지 않았는데도 1년 동안 건강하게 잘 자라서 새로 이사한 집으로 호기롭게 데려간 것이었죠. 하지만 그 집에서도 반년을 넘기지 못하고 시들어버리고 말았습니다.

이사한 집에는 인공 조명이 있었지만 어린 식물이 지내기에 다소 어두웠어요. 에어컨 바람을 더 멀리 보내기 위해 설치한 서큘레이터 바람을 한달 가량 직격으로 맞으면서 한여름에 냉해를 입기도 했고요. 돌보기 무난하다고 생각한 식물을 제 불찰로 두번이나 죽이고 만 것이죠. '키우기 쉽다고 무신경해도 되는 건 아닌데, 내가 모든 식물을 공평하게 돌보지 못했구나' 반성하는 계기가 되었습니다.

'그 어떤 식물도 방심하지 말아야 한다는 것.' 셀로움이 저에게 준 교훈을 유념하며, 저는 지금 세 번째 셀로움을 2년째 돌보고 있습니다.

Plant bio.
Lacy Tree

천남성과(Araceae)에 속하는 식물로 브라질, 아르헨티나, 파라과이 등 남아메리카가 원산지이지만 열대, 아열대, 온대 기후에서 원예 식물로 많이 재배되고 있습니다. 실내에서도 잘 크는 편이고, 포름알데히드, 벤젠, 아세톤 등 유해물질을 흡수하는 능력이 뛰어나 공기정화 식물로 인기가 많습니다. 큰 이파리 덕분에 증산 작용이 활발해 실내 습도 조절에 효과적이지만, 너무 건조한 곳에서는 삼투압 작용으로 이파리의 수분을 빼앗겨 잎끝이 잘 마릅니다. 이파리에 물을 자주 뿌려주면 잎끝이 마르지 않고 아름답게 키울 수 있습니다.

How to care
Lacy Tree

◇   **Light - Indirect**

빛   반그늘에서 잘 자란다고 알려져 있지만, 개인적인 경험을 토대로 말씀드리면 빛이 잘 드는 밝은 곳이되, 커튼으로 한번 차광된 실내가 좋습니다. 조금 어두운 장소는 풍성했던 잎이 점점 줄어들더라고요. 반면에 창가에 바싹 붙여 강한 빛에 노출되면 잎에 노란 점이 생기기도 합니다. 빛을 너무 많이 받았을 때 나타나는 자연스러운 현상으로 걱정할 필요는 없습니다. 창가에서 조금 떨어진 밝은 장소로 옮겨주세요.

◇   **Temperature - 20~25°C**

온도   보통 사람들이 쾌적하다고 느끼는 20~25°C의 일정한 온도를 가장 좋아합니다. 찬바람을 쐬면 이파리가 냉해를 입기가 쉬워요. 겨울에는 최저 15°C는 유지해줘야 멋진 수형을 지킬 수 있습니다. 7°C 이하의 온도에는 오래 두지 마세요. 생명력이 강해 버틸 수는 있어도, 생장은 어렵습니다.

💧　　　**Water - 2~4 Days**

물　　　겨울을 제외하고 물은 자주 주는 것이 좋습니다. 건조함을 잘 견디는 식물이지만, 물관리를 잘 해주면 새잎을 꽤 자주 보여주거든요. 겨울에 식물 주변 온도가 18℃ 이하로 내려가면 물 주는 기간을 두 배로 늘려주세요. 평소에는 과습에 취약하므로 흙 상태를 체크한 후 말라 있을 때 충분히 주는 것이 좋습니다. 흙이 젖어 있다면 물 주는 것은 건너 뛰세요. 식물을 키우는 데 중요한 요소 중 하나가 흙을 잘 말리고 충분히 적셔주는 것입니다. 흙을 잘 말리는 방법으로 물을 준 후 선풍기를 2~3시간 정도 쐬어주는 것을 추천합니다.

☺　　　**Pet - Attention**

반려동물　　　셀로움은 천남성과 식물입니다. 천남성과 식물은 모두 독성을 가지고 있어요. 반려동물이나 어린아이가 식물을 뜯어 먹는 버릇이 있다면 손이 닿지 않는 곳에 놓아 두세요. 하지만 섭취하지 않는 이상 존재만으로는 아무런 유해성분이 나타나지 않습니다.

🌱 Tip - Lacy Tree
시간을 삽니다.

우리는 일반적으로 크기가 크고 풍성할수록 더 오래 자란, 연식이 있는 식물이라고 생각합니다. 하지만 셀로움의 나이는 조금 다르게 볼 필요가 있어요. 셀로움은 시간이 지날수록 나무줄기가 커집니다. 나무줄기의 매력은 아는 사람만 알아볼 수 있죠. 1번 사진처럼 흙에서 여러 개의 여린 이파리가 풍성하게 많이 나올 때 가장 어립니다. 여러 포기를 모아 심는 경우가 많거든요. 그러다 2번 사진처럼 나무줄기의 밑동이 생기는데, 이때 기근(氣根)이 나오기 시작합니다. 이 시기에 한 포기씩 나누어 분갈이하는 것이 좋습니다.

나무줄기의 모양을 자세히 들여다보면 한 칸씩 나누어져 있습니다. 한 마디는 잎줄기가 나온 흔적입니다. 잎줄기가 말라 떨어질 때마다 나무줄기가 한 칸씩 자라는 것이죠. 시간이 더 흐르면 3번 사진처럼 제법 굵고 긴 나무줄기가 생깁니다. 기근이 더 선명하게 보이면서 길어지고 사방을 향해 뻗쳐 나갑니다. 기근이 흙과 만나면 뿌리를 내리고, 흙으로부터 추가 영양분을 공급받습니다. 혹여나 굵은 나무줄기가 부러져도 흙에 뿌리를 내린 기근이 그 위에 있다면, 죽지 않고 살아갈 수 있습니다. 기근이 공중을 향해 뻗다가 바닥에 닿거나 너무 많아진 경우에는 미련 없이 잘라주어도 괜찮아요. 셀로움의 성장에는 영향을 미치지 않습니다.

작은 크기로 시작해서 풍성하게 키우는 것도 의미 있지만, 원하는 크기나 수형의 식물이 있다면 가격이 좀 나가더라도 크고 오래된 식물을 구매하는 것을 권합니다. 저의 두 번째 셀로움은 에어컨 바람에 냉해를 입고, 조금 어두운 실내에 놓이는 등 환경이 좋지 못했던 탓도 있지만, 아직 여리고 어린 상태였어요. 비슷한 환경에서는 같은 식물이라도 연식이 오래될수록 훨씬 튼튼해서 관리하기 쉽습니다. 연식이 있는 식물은 구입 시 비싼 가격이 고민될 수 있지만, 저는 '식물을 키운

1)

그 시간까지 사는 것'이라고 표현하고 싶어요. 식물집에서 공들인 시간의 값어치만큼 식물은 더 튼튼하고 강해져 있을 테니 시간을 산다고 생각하면 비싼 가격이 덜 망설여지지 않을까요?

Parlour Palm

테이블야자

나에게 특별한 식물

테이블야자

날씨 좋은 날, 산책길에 멈춰 서 길가의 식물을 구경해본 적 있나요? 봄이나 가을처럼 걷기 좋은 날씨에 설레는 기분에 이끌려 산책을 나서면 자연스레 식물에 눈이 갑니다. 언제 새잎이 이렇게 났지?, 무슨 꽃이 이렇게 폈지?, 벌써 단풍이 들었네? 하면서요. 그러다 불현듯 '그래, 이제 우리집에도 식물을 들여 놓을 때가 됐지' 싶은 생각에, '이번 기회에 키워보자'는 다짐까지 더해지면 근처 식물집으로 발걸음이 향합니다. 식물집에 도착해서 오랜 고민 끝에 딱 하나 선택한 당신, 그런데 이런! 생각보다 몸값이 나가네요? 잠시 망설이지만 그래도 '우리는 운명이야!' 생각하며 식물을 집으로 고이 모셔옵니다. 고생하며 집에 데려온 식물을 원하는 곳에 놓은 순간, 사실은 지금부터가 진짜 시작입니다.

나름 신경 써서 관리했지만, 뭐가 문제인지 이파리가 하나둘 떨어지고 점점 왜소해집니다. 불안한 마음에 이곳저곳 식물 좀 안다는 이들에게 해답을 물어보지만, 들려오는 답변은 다양합니다. 햇빛이 부족해서, 환기가 안 돼서, 물을 많이 줘서 혹은 적게 줘서, 집이 춥거나 더워서, 벌레가 생겨서, 곰팡이가 생겨서… 등 결국 명확한 이유는 찾지 못한 채 혼란만 가중되고 식물은 서서히 시들어갑니다.

여기서 문제는 무엇일까요?

문제는 식물이 놓일 장소에 대한 고민없이 그저 '보기 예쁜 식물'을 고른 것입니다. 밝은 빛이 필요한 식물인데 빛이 거의 들지 않는 공간에 두거나 따뜻한 온도에서 자라는 식물인데 겨울철 창가에 두면 당연히 건강하게 크지 못하겠죠. 그러니 정말 중요한 것은 내가 보기에 예쁜 식물이 아니라 '내 공간에 잘 적응할 수 있는 식물을 고르는 것'입니다. 예를 들어 빛이 잘 드는 제 작업실에는 다양한 종류의 식물이 있지만, 낮에도 어두운 편인 저희 집 침실에는 산세비에리아와 스투키, 스파티필름, 테이블야자와 같이 '빛에 무던한 식물들'이 자리하고 있습니다. 식물을 업으로 삼고 있는 제가 키우는 식물이 조금 평범하다고요?

사소한 것 하나에도 나의 개성과 안목을 표현하고 싶은 요즘 시대에 '테이블야자'같이 흔한 식물은 평범한 이미지를 줄지도 모릅니다. 하지만 어디서든 잘 적응하는 씩씩한 식물이라서 흔하고 평범한 것으로 치부됐다는 사실을 알고 나면, 새삼 특별해 보입니다. 식물이 자라기에는 어둡다고 생각했던 저희 집 침실에서도 꿋꿋이 버티며 살아가는 테이블야자를 보고 있으면, '아름답다'는 마음이 절로 생깁니다. 개인적으로 예쁘다, 멋지다는 표현보다 더 높은 찬사가 아름답다는 말이라고 생각하는데요, 눈에 보이는 미적 가치뿐만 아니라 내면의 아름다움까지 포함한 단어라고 생각하기 때문입니다. 그동안 친숙하고 흔해서 그냥 지나친 식물이 있다면 가까이 두고 천천히 살펴보세요. 아름다움을 발견하는 바로 그때가 평범했던 식물이 나에게 '특별한 식물'이 되는 순간입니다.

Plant bio.
Parlour Palm

테이블야자는 멕시코 남부, 과테말라의 우림에 자생하는 조그마한 야자과(Arecaceae)에 속하는 식물로 약 140여 종이 있습니다. 화분에 심어 실내에서 키울 때는 보통 30~70cm정도까지 크지만, 야생에서는 1~2m까지 자랍니다. 크기가 큰 것 같지만, 다른 야자과의 식물과 비교하면 아담한 사이즈예요. 우리나라에서는 책상 위에 두고 키운다하여 '테이블야자'라고 부르는데, 영어로는 'Parlour Palm'으로 '응접실 야자', '실내용 야자'라는 뜻입니다. 실내에서 키우기 적합한 사이즈로 증산 효과가 뛰어나며 실내 화학 물질을 잘 흡수하는 공기정화 식물로 알려져 있습니다.

How to care
Parlour Palm

✧ **Light - Indirect**

빛 테이블야자는 직사광선을 만나면 하얗게 세는 경우가 있어요. 뜨거운 햇빛보다는 나무 그늘 아래를 좋아하고, 실내 조명으로도 충분히 살 수 있는 무던한 식물입니다. 빛이 잘 들어오는 창가에 두면 더 잘 자라지만, 조금 어둡고 형광등만 있는 공간에서도 성장 속도는 더딜지라도 잘 자랍니다.

✦ **Temperature - 18~25°C**

온도 18~25°C가 생육 적정 온도이며, 겨울에는 최저 8°C이상은 유지해줘야 월동할 수 있습니다. 사람이 생활하기에 적합한 보통 가정집 온도만 유지되면 사계절 내내 큰 몸살 없이 잘 커요.

💧 **Water - Weekly**

물　　　보통 "일주일에 한 번 물 주세요"라고 말해도 잘 크는 식물입니다. 물론 가장 좋은 방법은 흙을 체크하는 것이죠. 속흙까지 말랐다면 물을 충분히 주세요. 흙 마름에 강한 식물이기에 건조한 상태에서도 꽤 오래 버틸 수 있습니다. 흙이 너무 바싹 말라 있으면, 세면대나 대야에 물을 받아 반나절정도 화분을 담가 놓는 '저면관수법'으로 흙과 뿌리가 물을 충분히 마실 수 있도록 기다려주세요. 오랫동안 물을 주지 않은 채 방치하면 흙이 너무 말라서 수축하는 과정에서 생긴 화분과 흙 사이 빈틈으로 물이 다 새어 나가 흙을 충분히 적시지 못하는 경우가 발생합니다.

새잎은 잘 나고 있는데 잎끝이 말라 있다면, 이파리 주변에 물 스프레이를 뿌려 공중 습도를 높여 주세요. 관상 가치가 떨어지지 않는 건강하고 싱그러운 모습으로 키울 수 있습니다.

☺　　　**Pet - Friendly!**

반려동물　　반려동물이나 사람이 섭취해도 안전한 식물입니다. 하지만 주의해 주세요. 식물을 뜯어 먹는 버릇을 그냥 두면 섭취 시 문제를 일으킬 수 있는 다른 식물에도 어느새 손이 뻗어 있을 수 있으니까요.

Tip - Parlour Palm
빅토리아 시대 인테리어 필수템

테이블야자를 비롯해 켄챠야자, 아레카야자 등과 같은 야자류들은 빅토리아 시대(1837-1901)부터 전 세계적으로 꾸준히 사랑받아온 실내 식물입니다. 빅토리아 시대 이전에도 관상용, 장식용으로 사용된 실내 식물들을 찾아볼 수 있지만, 대부분 계절을 상징하는 꽃을 정원에서 꺾어와 예쁜 화병에 꽂아 두는 정도였어요. 그러다가 빅토리아 시대부터는 본격적으로 응접실에서 식물을 '키우기' 시작합니다. 이때 무슨 일이 일어난 걸까요?

이 시기부터 실내에서 식물을 키우는 것과 관련된 기술들이 발달합니다. 먼저 18세기 산업혁명 이후 판유리(Sheet Glass)의 생산은 거대한 온실 설계는 물론, 건축물 설계 시 내부에 햇빛이 다량 유입되는 큰 창문을 더 많이 낼 수 있게 만들었습니다. 게다가 19세기 초 미국 가정에 중앙 난방 시스템이 도입되면서 집안에서 식물을 키울 수 있는 시대가 본격적으로 도래합니다.

트렌드에 뒤떨어지지 않으려 했던 영국 상류층은 손님을 맞이하는 응접실을 최신 기술과 유행을 반영해 꾸미기 시작했어요. 고급 가구와 수입 양탄자, 그리고 야자나무들을 활용해 집을 장식했고 방문하는 사람들에게 이를 선보였죠. 이국적인 야자나무는 공간을 더욱 신비롭고 아름답게 보이도록 만들었습니다. 집주인의 미적 감각을 돋보이게 하는 동시에 식물의 이름과 특성을 적어 넣은 식물별 인식표를 활용해 지식 수준까지 은근히 뽐낼 수 있었죠.

실내로 빛을 들이고, 온도 유지가 가능해진 기술의 발전 덕분에 가정으로 들어온 야자나무는 빅토리아 시대 가장 혁신적인 인테리어 요소이자 집주인의 미적, 지적 감각을 과시할 수 있는 고급스러운 취향으로 자리매김합니다. 빅토리아 시대의 야자나무와 응접실은 기술, 문화, 트렌드를 보여주는 그 시대의 상징이라는 생각이 들어요. 그래서 테이블야자의 영문명이 'Parlour Palm'으로 남았나 봅니다.

Social
Plants·CluB®

Sago Palm

소철

동갑내기 나무

소철

영화나 드라마에 간혹 등장하는 소재로 주인공이 태어난 해를 기념하며 부모님이 정원 한쪽에 작은 나무를 심는 장면 보신 적 있으시죠? 주인공이 어른이 되어갈수록 있는 듯 없는 듯 곁에 있던 작은 나무도 어느덧 큰 아름드리나무가 됩니다. 주인공의 비밀 이야기를 대나무 숲처럼 들어주고, 마음을 위로하고 의지하며 둘도 없는 친구 사이가 되어가잖아요. 그런 나무가 있다는 게 참 멋지고 부러웠습니다. 정원이 없는 집에서 자란 저는 제 나이와 같은 동갑내기 나무가 하나쯤 있길 바랐어요. 시간 날 때마다 찾아가 앉아 있을 수 있는 '나만의 나무 아래' 같은 공간을 원했던 것이죠. 언제부터였는지 기억조차 안 날 만큼 오래 꿈꿔왔던 '나의 나무'를 가지는 소망은 어른이 되어가면서 점차 잊혔습니다. '나는 정원이 없으니까 나만의 나무를 가질 수 없어'라고 체념한 채, 그러한 소망을 가졌다는 기억도 잊은 채 시간이 흘렀죠.

그런데 몇 년 전, 꼭 어느 정도 면적을 갖춘 정원이 있어야만 나만의 나무를 갖는 건 아니라는 사실을 깨우친 일화가 있었습니다. 수강생 분이 40년 가까이 된 '소철'을 분갈이하고 싶다며 가져오셨는데, 아버지께서 본인이 태어났을 때 심은 거라고 하셨어요. 그 소철은 긴 세월 동안 몇 시련과 몸살을 앓는 날도 있었을 테지만, 잘 버텨주어 지금은 결혼한 수강생 분의 집에서 몇 번째인지 모를 분갈이를 앞두고 있었습니다. 그 이야기를 듣는 순간, 그 분이 얼마나 부러웠는지 모릅니다. 앞서 이야기한 저의 잊어버린 소망이 번뜩 생각나면서요. '그래, 이렇게도 쭉 함께할 수 있구나! 크기에 상관없이 그 식물이 있는 공간이 나만의 특별한 공간이 될 수 있구나!' 싶었습니다. '어릴 적 우리 집에도 항상 식물이 있었는데, 그 식물들은 다 어디로 갔지? 내가 하나 간직할 걸…' 뒤늦은 후회도 하면서요.

만약, 지금 여러분 곁에 이렇듯 의미를 담은 나무가 없다면, 이번 기회에 하나 키워보는 것도 좋을 것 같아요. 저에게 '결혼'하면 '박쥐란'이 의미 있는 식물로 떠오르는 것처럼 말이죠. 결혼, 출산, 내 집 마련, 아이 입학 등 삶의 뜻깊은 순간을 식물로 기념하는 거죠. 대신 그 식물은 웬만하면 죽지 않고, 무던하게 잘 크는 식물이여야 할 거예요. 언제, 어느 곳이든 이동이 가능 하려면 너무 크지 않고 성장 속도도 조금 더딘 편이 좋겠죠? 이때 추천할 수 있는 나무가 소철입니다. (이런 장점을 고려해서 수강생 분의 부모님도 소철을 심으셨던 걸까요?)

소철은 은행나무, 메타세콰이어, 고사리와 같이 '살아있는 화석'이라고 불립니다. 수억 년도 훨씬 전부터 지구상에 존재했던 식물군으로 현대에도 살아남았죠. 화석으로 발견되는 식물을 수억 년이 지난 지금도 흔하게 볼 수 있다는 사실이 놀랍지 않나요? 게다가 소철(蘇鐵)의 뜻은 '못질을 해도 살아난다'는 의미로 이름처럼 엄청난 생명력이 보장되어 있다고 할 수 있습니다. 하지만 방심은 금물입니다. 땅에 심는 것과 달리 화분에 심어 키우는 소철은 좀 더 세심한 케어가 필요하니, 관리 방법을 잘 숙지하는 것이 좋습니다.

저는 흙 표면에서부터 이파리 끄트머리까지 길이가 약 60cm 정도 되는 소철을 키우고 있습니다. 좀 더 큰 사이즈는 당연히 연식도 오래되고 더 튼튼한 편이에요. 어린 아이보다 청소년의 면역력이 더 높고 병치레도 덜한 것을 대입해서 생각하면 이해하기 쉽죠? 요즘은 분재가 유행이라 소철도 작은 사이즈로 분재처럼 키우는 경우가 많아요. 성장 속도가 느린 편이라 어느 정도 크려면 아주 오랜 시간이 걸립니다. 그러나 처음부터 원하는 사이즈의 소철을 들이는 게 좋습니다.

이쯤에서 가장 중요한 포인트를 집고 넘어가 볼까요? 생명력이 강한 나무라고 했지만, 행여 죽더라도 너무 자책하지 마세요. 잠깐 방심했던 시간을 반성하고 키우는 방법을 숙지한 뒤 다시 시작하면 됩니다. 아무리 키우기 쉬운 식물이라도 가장 기본적인 관리법은 알아 둬야 해요. 꼭 의미 있는 날을 기념하며 어떤 식물을 키우고 싶다면, 그 식물 다섯 개로 시작해보는 것도 작은 팁입니다. 몇 년이 지나도 그중 하나는 반드시 살아남을 테니까요.

Plant bio.
Sago Palm

소철은 소철과(Cycadaceae) 소철 속(屬)의 겉씨식물로, 학명은 'Cycas Revoluta Thunb'입니다. 중국 동남부와 일본 남부지방이 원산지예요. 은행나무처럼 암수딴그루로 생식하며 수나무의 꽃인 '수구화수'에서 꽃의 수술과 같은 꽃가루를 만들고, 바람에 의해 암나무의 꽃인 '암구화수'에 옮겨지면 수분♣이 되어 열매가 맺힙니다. 실내에서 키울 때는 열매를 쉽게 보기 어렵습니다. 수정시키기도 어렵지만, 꽃이 피기 시작하는 시기도 수십 년이 흘러야 가능하기 때문입니다. 간혹 '100년에 한 번 꽃이 피는 식물'이라고 소개되는데 그렇지 않아요. 첫 꽃이 피기까지만 수십 년의 시간이 걸리고 그 후로는 심심찮게 개화합니다. 우리나라 남부지방과 제주도에서는 가로수로 흔히 볼 수 있는 수종이며 실내에서도 잘 자라 관상수로 인기가 많습니다.

♣ 수분(受粉) : 종자식물에서 수술의 화분(花粉)이 암술머리에 옮겨 붙는 일

How to care
Sago Palm

◇ **Light - Direct**

빛　　소철은 밝은 곳을 좋아합니다. 실내에서는 빛이 잘 드는 창가에 두세요. 해가 잘 드는 야외에 두어도 좋습니다. 경험상 밝은 실내라도 창가에서 2m이상 떨어지면 새잎이 웃자라는 경우가 잦았습니다. 웃자란 잎은 잘라내고, 새잎이 올라올 기미가 보이면 건강하게 잘 필 수 있도록 햇볕을 많이 쬐어주세요. 음지에 있다가 갑자기 뙤약볕에 두면 환경이 급변하면서 잎이 탈 수 있으니 시간을 두고 천천히 밝은 곳으로 옮겨주세요.

◈ **Temperature - 20~25°C**

온도　　우리나라 남부지방에서는 가로수로 쓰일 만큼 기본적으로 따뜻한 환경을 좋아하지만, 좀 더 추운 환경에서도 잘 견디는 식물입니다. 겨울철 낮은 온도에서도 잠시 견딜 수 있을 만큼 강해요. 하지만 화분에 심었다면, 최저 5°C이하의 환경에 오래 있을 경우 냉해를 입기 쉬워지니 겨울에는 안전한 실내로 들여놓는 것이 좋습니다. 소철이 잘 자라는 생육 적정 온도는 20~25°C입니다.

한여름에 화분이 있는 곳의 온도가 너무 높을 때는 창문을 열어 환기시켜주거나 얇은 커튼으로 빛을 살짝 차단해 실내 온도를 낮춰주세요. 그러나 너무 예민하게 체크할 필요는 없습니다. 이례적인 폭염이나 추위가 찾아오는 때에만 신경 써주세요.

◐ Water - Weekly

물　　　소철은 생명력이 강해 건조한 토양에서도 잘 버티지만, 물을 좋아합니다. 일반적으로 배양토만 사용해 분갈이해 줘도 잘 자라는 편이죠. 하지만 식물의 크기가 큰 경우에는 흙의 양이 많아지므로 배양토와 마사토를 8:2 비율로 배합해 분갈이하면 원활한 배수에 도움이 됩니다. 물을 줄 때는 속흙까지 말랐을 때 흠뻑 주세요. 물을 좋아한다고 해서 흙 상태를 체크하지 않고 너무 자주 주면 흙이 마를 틈이 없이 과습 상태가 지속됩니다. 과습은 수생식물을 제외한 대부분의 식물이 꺼리는 환경이니 조심하세요. 앞서 언급한 '건조한 토양에서도 강하다'는 말은 몇 번 물 주는 일을 잊어버려도 충분히 견뎌낼 만큼 무던한 식물이라는 뜻입니다.

☺ Pet - Attention

반려동물　　　소철의 잎과 줄기에는 사이카신(Cycasin)이라는 독성 물질이 있습니다. 하지만, 이제 아시죠? 키우는 것 자체만으로는 독성이 나오지 않습니다. 다량으로 섭취할 때만 문제가 돼요. 조금 더 주의할 점이 있다면 독성 때문이 아니라, 잎 자체가 단단하고 뾰족하기 때문에 어린아이나 반려동물이 찔릴 수 있다는 것입니다. 저도 1m쯤 되는 소철을 옮기다가 이파리 끝에 찔려 깜짝 놀란 적이 있어요. 지나가다 찔려서 화들짝 놀라지 않도록 어느 정도 여유 공간을 확보한 곳에 배치하거나 선반 위에 올려 두는 것을 추천합니다.

☞　　Tip - Sago Palm

집에서 키우는 소철은 주로 잎이 몇 장 되지 않는 사이즈가 많습니다. 새잎은 보통 봄에서 여름 사이에 잘 납니다. 봄이 오면 잎을 자주 살펴봐 주세요. 새잎이 나올 기미가 보이지 않더라도 잎끝이 갈색으로 변했거나 잎 전체가 노란색으로 변하고 있다면 줄기에 가깝게 잘라내 줘야 합니다. 이렇게 잘라주면 기존에 있던 잎을 살리는 데 쓰던 힘을 새잎이 나는 데 쓸 수 있어요. 금방 새순이 돋으니 이파리가 몇 장 없다고 너무 걱정 마세요.

Cactus

선인장

시작

선인장

플랜테리어가 유행하면서 반려 식물을 구입하거나 선물하는 사람들이 늘었지만, 여전히 식물을 '선물'한다는 것은 단순한 일이 아닙니다. 예쁜 건 둘째 치고 살아있는 생명을 받으면 부담스럽기 때문이죠. 처음 이 일을 시작할 때 고민했던 지점도 이 부분이었습니다. 당시만 해도 식물을 직접 키우려고 사는 사람은 그리 많지 않았어요. 식물은 주로 개업이나 승진을 위한 선물로 소비되고 있었죠. 식물 선물은 조금 올드한 이미지가 있었고, 식물을 사려면 동네 꽃집에 있는 식물 중에 고르거나 화훼 시장까지 가야 했습니다. 제가 식물만 파는 가게를 열겠다고 말했을 때, 친한 농장 사장님들은 하나같이 입을 모아 말했어요. "꽃을 같이 팔아야지 그래 가지곤 돈 못 번다"라고. 그렇게 주변의 우려와 걱정 속에 2014년 봄, 위드플랜츠를 시작했습니다.

'식물 키우는 거 정말 좋은데… 식물을 직접 만지고, 들여다보는 그 시간이 정말 좋은데…'

위드플랜츠는 식물과 함께하는 생활의 즐거움을 많은 분과 나누고 싶은 마음에서 출발했어요. 고민이 깊어질수록 좀 더 직관적이고 쉬운 접근이 필요하다고 판단했습니다. 사람들에게 식물을 직접 심어보라고 권하는 것보다 사고 싶게 만들어서 집으로 들이는 게 먼저라고요. 그래서 그릇을 만들 때 쓰는 흙으로 고급 도자기 화분을 제작했습니다. 식물만큼이나 화분도 중요한 플랜테리어 요소라고 생각했거든요. 그리고 사람들이 비교적 키우기 쉽다고 생각하는 선인장과 다육식물을 활용해 첫 제품으로 미니정원을 만들었습니다. 예상보다 반응은 훨씬 뜨거웠고, 제품 판매로 시작했던 일이 지금은 플랜테리어 컨설팅, 워크숍, 강연, 책 발간 등 다양한 분야로 확장되어, '식물'이라는 하나의 매개체로 지금까지 이어지고 있어요.

긴 시간 많은 분들과 식물을 매개로 인연을 맺어온 터라, 식물을 추천해달라고 하시는 분들이 정말 많습니다. 초보 식집사들에게는 항상 키우기 무난한 관엽식물을 가장 먼저 추천합니다. 이때, "보통 선인장이 키우기 쉽지 않나요?"라고 되묻는 분들이 많은데요, 반은 맞고 반은 틀린 이야기예요. 일반 관엽식물은 물이 부족하거나 과습 시, 잎이 쳐지거나 노랗게 변하기 때문에 상태 파악이 쉽습니다. 알맞은 조치를 취하면 금방 좋아지고요. 반면, 선인장은 물이 부족한지 과습인지 알아채기 어렵습니다. 그렇지만 치명적인 단점은 아니라서 한 달에 한 번 물 주는 주기만 잊지 않는다면 키우기 쉬운 것도 맞는 말이에요. 밝고 따뜻하며 바람이 잘 통하는 곳에선 선인장은 묵묵히 잘 자라줄 것입니다.

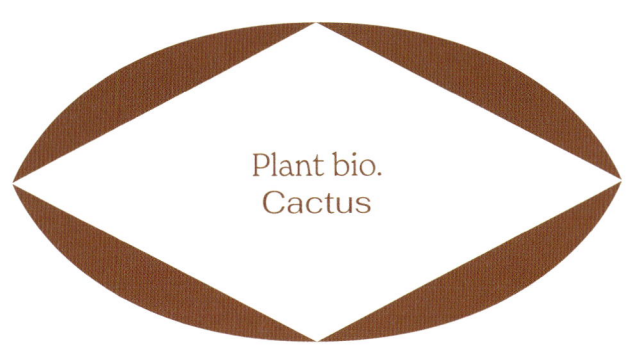

Plant bio.
Cactus

선인장은 석죽목 선인장과(Cactaceae)에 속하는 식물을 일컫는 말입니다. 다른 식물들은 속명과 종명까지 분류해 소개한 경우가 많았는데요, 선인장은 크게 선인장과로만 소개하려고 해요. 선인장과에 속하는 식물들은 대부분 관리 방법이 비슷하거든요.

선인장은 다육식물의 일종이지만, 그 종류가 워낙 다양하고 많아서 다육식물로부터 따로 분리되었습니다. 다육식물 중 아메리카 대륙의 사막 환경에 잘 적응하며 진화한 식물이 선인장이에요. 그래서 모든 종류의 선인장은 아메리카 대륙에서 자생한다고 볼 수 있습니다. 하지만 항상 변수는 존재 하듯, 그중 일부는 씨앗이 바다를 따라 다른 대륙으로 퍼져나갔고 그 지역의 기후에 맞춰지면서 자생했습니다. 우리나라 제주도에 선인장 자생 군락지가 있는 것처럼요.

How to care
Cactus

◇　　　Light - Direct

빛　　　일반적으로 대부분의 선인장은 밝은 직사광선을 좋아합니다. 원산지가 사막이니 뜨거운 햇빛에 적응해 온 탓이겠죠. 실내에서 키울 때는 햇빛이 잘 드는 창가에 두면 웃자라지 않고 잘 자랍니다. 선인장이 충분한 햇볕을 쬘 수 있도록 창문을 열어 두는 것도 좋습니다. 하루 한두 시간, 일주일에 최소 한두 번이라도 햇볕을 충분히 쬘 수 있는 시간을 주면 더 튼튼하게 자랄 수 있어요.

◈　　　Temperature - 21~27°C

온도　　　선인장이 추위에 약한 것은 사실이에요. 우리나라의 겨울 날씨는 선인장이 견디기 어려울 수 있습니다. 하지만 모든 선인장이 추위에 약한 것은 아닙니다. 추위에 강한 종류의 경우, 적절한 물 조절과 환경에 적응할 수 있는 시간만 주어진다면 월동할 수 있어요. 실제로 우리나라의 남부 지방과 경기도 이천에서 월동하는 선인장을 본 적 있습니다.

겨울철에는 야외에서 키우는 선인장 화분을 부직포나 지푸라기 등으로 감싸주는 것도 좋지만, 그보다 권장하는 방법은 당연히 실내로 들여놓는 것입니다. 최저 3~5℃이하로 내려가지 않는 환경이 가장 안전하니까요. 물론, 일부 선인장은 최저 온도가 -20℃에 달하는 지역에서도 뛰어난 적응력으로 살아남습니다. 건조한 사막에서 온 선인장이 자생하기엔 습한 환경이라 할 수 있는 제주에서도 적응해 살아가는 선인장이 있는 것처럼, 선인장이 적응할 수 있는 환경 범위는 넓은 편이에요.

💧 Water - Monthly

물　　　선인장은 물을 조금만 줘도 된다고 생각하시는 분들 많으시죠? 사막은 물이 거의 없는 곳이라고 생각하면서요. 하지만 선인장도 물을 줄 때는 화분 속 흙이 다 젖을 만큼 듬뿍 줘야 합니다. 그 주기가 3~4주 정도로 다른 식물에 비해 조금 길 뿐입니다. 이때 주의할 점은 물을 충분히 준 다음 빠르게 흙을 말리는 것입니다. 욕실에서 흠뻑 물을 주고 며칠 동안 그대로 두면 습도가 높은 환경에서 물러 죽을 수 있어요. 그러니 물을 준 다음에는 빛이 잘 들고 환기가 잘 되어 흙이 마를 수 있는 곳에 놓아두세요.

☺ Pet - Attention

반려동물　대부분의 선인장과 선인장 꽃은 섭취 시 문제 되는 독성은 없지만, 반려동물이나 어린아이가 선인장의 뾰족한 가시에 찔리거나 다칠 수 있으니 안전을 고려해 적당한 위치에 둡니다. 참고로 저는 굵고 단단한 가시보다 작고 미세한 가시에 찔린 경험이 더 많았어요. 가시가 없어 보여도 솜털처럼 미세한 가시가 많으니, 꼭 만져야 한다면 두껍게 코팅된 장갑을 착용하고 가급적 평소에는 만지지 않는 것이 좋습니다.

☞　　　Tip - Cactus

　　　　선인장 미니정원 만들기

다양한 형태와 색상, 사이즈의 선인장을 넓은 화기에 한데 모아 심으면 세상에 하나뿐인 나만의 작은 정원을 만들 수 있습니다. 핵심은 조화롭게 어우러지도록 심는 것이에요. 대부분의 선인장은 키우는 방법이 비슷하기 때문에 모아 심어도 괜찮습니다.

1.　　　화분 구멍으로 흙이 빠지지 않도록 거름망을 깔고, 배수가 잘 되도록 입자가 큰 자갈이나 휴가토를 깔아줍니다.

2.　　　세척한 마사토와 배양토를 5:5 비율로 섞은 혼합토를 화분 높이의 3/4까지 채웁니다.

3.　　　선인장을 포트에서 꺼내 뿌리 부분의 흙을 털어내고, 뿌리가 긴 선인장은 뿌리의 1/3 정도를 자릅니다.

4.　　　핀셋과 미니삽 또는 일회용 스푼을 활용해 키가 크고 포인트가 되는 선인장을 먼저 심고, 적당한 간격을 유지하며 다른 식물들을 배치합니다.

5.　　　마감석을 올려 깔끔하게 마무리한 후 잎에 묻은 흙과 자갈은 붓으로 털어냅니다.

선인장은 다육식물의 일종이지만,
그 종류가 워낙 다양하고 많아서 다육식물로부터
따로 분리되었습니다. 다육식물 중 아메리카
대륙의 사막 환경에 잘 적응하며 진화한 식물이
선인장이에요. 밝고 따뜻하며 바람이 잘 통하는
곳이라면 선인장은 실내에서도 잘 자라줄 거에요.

Olive

올리브

어떤 식물을 키우고 계세요?

올리브나무

저는 보통 수업을 시작할 때 수강생 분들에게 "어떤 식물 키우고 계세요?"라고 묻습니다. 식물을 잘 키우는 방법에 대한 내용을 다루는 만큼, 수강생 분들이 평소 키우고 있는 식물 이야기로 말문을 열면, 디테일한 궁금증을 해결해 가면서 활기찬 분위기로 수업을 진행할 수 있으니까요. 그런데 요즘 이 질문에 대한 답으로 꽤 자주 듣는 식물이 있습니다. 바로, '올리브나무'입니다.

식물에도 유행이 있다고 말씀드린 적이 있죠? 지중해성 기후에서 잘 자라는 식물은(줄여서 지중해 식물이라고 칭하겠습니다.) 저마다의 뚜렷한 아름다움을 지녀서 그런지 좀처럼 인기가 식지 않는 모양입니다. 덕분에 요즘엔 화훼 시장에서도 앞서 소개해드린 소포라, 코로키아, 유칼립투스를 포함해 아카시아, 바오밥, 허브류 등의 지중해 식물을 다양하게 만나 볼 수 있습니다. 하지만 우리나라에선 조금 어려운 편이에요. 눈부신 햇살과 선선한 바람, 따뜻한 온도가 지중해 식물이 살아가는 전부라고 할 수 있는데, 우리나라의 실내 환경은 그 빛을 충족 시켜주기 어렵고, 노지에서 키우기엔 겨울이 너무 추우니까요. 하지만 그 아름다운 식물을 포기할 수 없어서 하나만 키워 보고 싶으니 꼭 추천해달라고 하신다면 저는 단언, 올리브나무를 권할 거예요. 지중해 식물 중에는 가장 무던하다고 할 수 있거든요. 아카시아나 유칼립투스는 같은 기후를 맞춰줘도 물주기가 짧아 자주 신경 써야 하는 반면, 올리브는 건조에 강하기 때문에 그 주기가 좀 길어져도 관리가 수월한 편입니다. 햇빛이 잘 들고 바람이 잘 통하는 창가 앞에 두면 딱 좋아요.

올리브 열매의 효능은 굳이 언급하지 않아도 될 만큼 다들 잘 아실 거로 생각합니다. 열매뿐만 아니라 올리브 잎과 줄기도 항균 성분이 뛰어나 서늘한 그늘에서 완전히 말리거나 덖어 차로 마시기도 하죠. 이파리를 드라이플라워처럼 말려 리스나 다발로 걸어 두기도 하고요.

얼마 전, 그리스 로마신화와 관련된 식물을 찾아보면서 알게 된 사실인데요, 고대 올림픽 수상자들에게 씌워주는 월계관Laurel Wreath이 전부 월계관은 아니었다고 합니

다. 올리브관Olive Wreath도 있었다고 해요. 고대 올림픽에서 스포츠 분야는 최고의 신 제우스의 신전 주변을 에워싸고 있는 올리브 나무로 만든 올리브관을, 문학 분야는 월계관을 수여했다고 합니다.

올리브는 잎이 말라도 그 색감과 형태를 유지하기 때문에 수상자들은 올리브관을 벽에 걸어 두고, 오랫동안 그날의 영광을 회상하며 기뻐했을 거예요. 예쁜데 실용성도 어느 하나 빠질 것 없는 올리브나무, 그러니까 수천 년 동안 사람들의 사랑을 받고 있는 거겠죠?

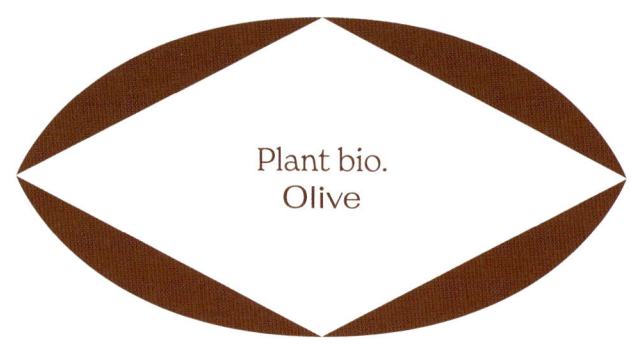

Plant bio.
Olive

올리브나무는 물푸레나무과(Oleaceae) 올리브나무 속(屬)의 상록수이며 올리브나무 속에는 약 40여 종의 올리브나무가 있습니다. 올리브나무는 대표적인 지중해 식물로 지중해성 기후를 띠는 지중해 연안, 남아프리카, 호주 등에서만 자생합니다. 추운 겨울을 나는 지역에서는 겨울철 실내로 들여주면, 해가 드는 곳 어디서든 잘 자랍니다. 우리나라에서는 제주도 기후에 적응해 노지 재배가 가능하게 되었어요. 기원전 3000년 전 고대 그리스 시대부터 재배되어 지구상의 가장 오랜 재배 역사를 가진 나무 중 하나로 꼽힙니다. 열매는 먹기도 하고 오일 생산이 가능해 경제 가치가 높습니다. 은빛 잎사귀와 여러 갈래의 줄기, 향기로운 꽃은 관상 가치를 높이 평가받아 원예용으로도 인기가 많습니다.

How to care
Olive

✧ **Light - Direct**

빛 올리브는 햇빛을 아주 좋아하는 대표적인 양지식물입니다. 실내에서 키울 때는 하루에 최소 6시간 이상 빛을 받을 수 있는, 빛이 잘 드는 남향이나 서남쪽 창가에 두세요. 추운 겨울이 지나면 햇빛을 직접 받을 수 있도록 야외로 옮겨주면 더 풍성하게 자랍니다.

✧ **Temperature - 18~23°C**

온도 생육 적정 온도는 18~23°C이며, 최저 -5°C의 추위에서도 버틸 수 있습니다. 더 추운 날씨에 잠깐 노출되는 것은 괜찮지만, 강한 추위에 장시간 노출되면 냉해를 입습니다. 화분에 심어 키우고 있다면 겨울엔 반드시 실내로 들여주세요.

💧   **Water - Weekly!**

물　　　올리브나무는 습도가 높으면 잘 자라지 못하지만, 건조에는 강한 식물입니다. 화분에 심은 올리브나무는 노지에 심었을 때보다 물을 자주 주세요. 특히, 뿌리가 썩지 않도록 마사토를 배합한 배수가 잘되는 흙을 사용하여 분갈이하는 것이 좋습니다. 물은 겉흙이 말랐을 때, 흙 전체가 모두 젖을 만큼 흠뻑 주세요. 겨울에는 속흙이 마를 때까지 기다렸다가 줍니다. 과습에 민감하기 때문에 물을 너무 자주 주는 것도 피해야 하지만, 흙이 마른 상태로 오래 두는 것도 좋지 않아요. 흙 상태를 잘 체크하여 계절별 물주기를 파악하고, 환기가 원활한 곳에서 키우는 것이 좋습니다.

☺   **Pet - Friendly!**

반려동물　올리브나무는 사람과 동물 모두에게 무해합니다. 이파리, 줄기, 열매, 꽃 모두 섭취해도 문제 없으니 마음 편히 어디서든 키우세요.

☞   **Tip - Olive**

성장 속도가 느린 올리브나무는 화분에 심어 키우면 더 천천히 자랍니다. 줄기가 두꺼워지고 열매가 나려면 꽤 오랜 시간이 흘러야 해요. 분갈이는 화분 사이즈마다 다르겠지만 보통 3~5년에 한 번이면 적당합니다. 올리브나무는 시중에 다양한 수형과 사이즈가 있어서 원하는 공간에 맞춰 식물을 고를 수 있는 선택의 폭이 넓은 편이에요. 올리브나무를 풍성하게 키우고 싶다면 적절한 시기에 가지치기를 해주세요. 가지치기하며 수형을 관리하면 훨씬 더 키우는 재미를 느낄 수 있습니다. 가지치기는 새잎이 많이 나오기 전, 초봄 무렵에 해주면 좋아요. 삐죽하게 자란 부분은 과감하게 쳐내고 풍성해졌으면 하는 부분을 잘라주면, 잘라낸 부분의 아래 생장점에서 두 개의 가지가 뻗어 나옵니다.

☞ **Tip - Olive**
集에서 열매를 볼 수 있을까요?

지중해 음식에서 빠지지 않는 것이 '올리브'입니다. 열매 자체는 떫은 맛이 있기 때문에 오일로 압축해서 요리에 사용하거나 절임용으로 많이 활용되고 있어요. 뿐만 아니라 약용이나 화장품의 원료가 되기도 합니다. 지중해 사람들의 건강 비결이자 맛도 좋고, 다양하게 활용할 수 있는 올리브를 집에서 키우는 나무에서도 수확할 수 있을까요? 결론부터 말하자면 아쉽게도 쉽지 않은 길입니다. 보통 5년 이상 된 나무부터 열매를 맺을 수 있는데, 올리브는 스스로 수정해 열매를 맺는 성질인 '자가 결실률'이 낮은 과종입니다. 열매를 얻고자 한다면 2~3종의 다른 올리브나무 품종과 함께 키워 꽃가루가 서로에게 날릴 수 있도록 해야 수분과 수정이 이뤄집니다. 게다가 지중해의 겨울처럼, 흙이 얼지 않을 정도의 추운 날씨에 두 달 정도 있어야 개화할 수 있어요. 그러니 실내에서 한 그루만 키운다면 열매를 얻을 가능성은 희박하겠죠. 정리하면, 지중해의 사계절을 느낄 수 있는 온도에서 햇빛도 아주 많이 받아야 할뿐더러, 다른 종류의 올리브나무 두세 그루를 더 키워야 가능한 일입니다. 하지만, 열매를 맺기 어렵다고 해서 키울 가치가 없는 것은 아닙니다. 이미 올리브나무는 그 자체로도 충분히 아름다우니까요.

Ficus Umbellata

움
벨
라
타

혜성처럼 나타난

움
벨
라
타

플랜테리어 컨설팅을 할 때 고려해야 하는 사항은 참 많습니다. 공간의 쓰임새와 무드를 파악해서 그에 맞는 이미지를 식물로 표현하는 것도 중요하지만, 그보다 먼저 공간의 '환경'을 잘 분석해 그에 맞는 식물을 제안해야 합니다. 단지 보기 좋은 특별함만을 위해 해당 공간에 잘 적응하지 못하는 식물을 배치하면 한두 달만 지나도 문제가 생기기 마련이니까요. 플랜테리어는 단순히 식물을 활용해 시각적 연출을 하고 끝나는 게 아니라, 식물의 미적, 기능적, 정서적 가치를 모두 숙지하고 적재적소에 배치하여 공간의 가치를 높여주는 일이라고 생각합니다. 공간의 환경을 잘 읽어야 식물도 오랫동안 그 자리에서 공간의 분위기와 조화를 이루며 살아갈 수 있을 테니까요.

특히, 상업공간을 플랜테리어 할 때는 신경 써야할 부분이 더 많아집니다. 식물을 관리하는 담당자가 계속 바뀌거나 여름과 겨울의 냉난방 관리 문제, 환기 시스템 등 외부 변수가 많기 때문입니다. 이 모든 사항을 고려해 관리하기 쉬운 식물을 제안하면서도 다른 브랜드와 차별화되는 특별함을 연출해야 하죠. 공간에 따라 여러 가지 식물과 요소를 무드에 맞게 제안하는데, 최근 4~5년사이 꽤 자주 사용한 식물이 하나 있습니다. 컨설팅뿐만 아니라 수업에서도 많이 추천하는 '움벨라타 고무나무'예요. 몇 년 전, 시장에서 본 이 식물의 첫인상은 밝은 녹색의 큰 잎이 싱그럽고 귀여웠습니다. 우리나라에서는 학명 그대로 '휘커스 움베르타 Ficus Umbellata'라고 불리는데, 정확한 표기법은 '움벨라타 고무나무'입니다. 벤자민고무나무, 인도고무나무처럼 무화과나무 속(屬)에 있는 식물이죠. 처음 수입 당시의 학명이 그대로 유통명이 되어, 여타 고무나무들과 다르게 학명으로 불리고 있는 특이한 케이스입니다. 틀린 표현은 아니지만, 유통명 때문에 비슷한 종류라고 생각하지 못하는 분들이 많은 듯해요. 고무나무 종류는 보통 잎이 두껍고 색이 진한 편인데, 움벨라타 고무나무는 잎이 얇고 크면서 색도 밝아 고무나무가 아니라고 착각하기 쉽습니다.

저는 이미 몇 년 봐왔기 때문에 흔하다고 생각하지만, 일반 소비자들에겐 아직 낯선 인상의 식물이에요. 제가 주변의 많은 분들에게 추천하는 이유는 당연히 초보자도 키우기 쉽기 때문입니다. 제 경우 우리나라에 수입된 직후부터 키우기 시작했는데, 일주일에 한 번만 물을 주면 어디서든 예쁘게 잘 크더라고요. 관리하기 쉬워서인지 해를 거듭할수록 시장에서도 점점 더 많이 볼 수 있게 되었습니다. 그만큼 수요가 높다는 뜻이겠죠. 예전에는 1.5m이상 되는 나무가 시장에 많이 보였는데, 요즘은 약 30cm정도 되는 작은 사이즈부터 2m가 넘는 크기까지 다양한 사이즈가 유통되고 있습니다.

일본에서 특히 실내 식물로 인기가 많아 인테리어 잡지나 SNS, 식물 책에서 심심찮게 발견할 수 있어요. 크고 작은 사이즈가 있지만 한 가지 추천 팁을 드리자면, 가능한 1m이상의 사이즈를 들여보세요. 하나 두는 것만으로도 공간에 밝은 활기를 불어넣어 주는 식물입니다.

Plant bio.
Ficus Umbellata

뽕나무과 무화과나무 속(屬)에는 약 800여 종의 품종이 있습니다. 무화과나무 속에서 가장 많이 알려진 수종은 인도고무나무(Ficus Elastica), 벤자민고무나무(Ficus Benjamina), 떡갈나무잎고무나무(Ficus Lyrata), 대만고무나무(Ficus Retusa) 등으로 실내 식물로 인기가 많은 품종들입니다. 움벨라타 고무나무는 비교적 최근 우리나라에 수입된 품종입니다. 서아프리카 열대 지역이 원산지로 산소 발생량이 높아 공기정화 능력이 뛰어납니다. 성장 속도도 빠른 편이라 적절한 온도와 물관리만 수반되면 금세 풍성하고 아름다운 수형을 가질 수 있어요. 직립형으로 자라는 식물로 원산지에서는 10m까지 크지만, 화분에 심어 키울 때는 키가 빨리 크는 편은 아닙니다. 풍성해지길 원한다면 적절한 가지치기를 통해 수형 관리를 해주면 더 좋습니다.

How to care
Ficus Umbellata

◇ **Light - Indirect**

빛　　　밝은 인공조명 밑에서도 충분히 잘 키울 수 있습니다. 빛이 한 방향으로만 들어오는 환경에 있으면 식물이 그 쪽을 향해서 기울며 클 수 있으니, 주기적으로 방향을 바꿔주세요. 아주 강한 빛이 들어오는 남향, 남서향의 창가에서는 이파리에 흰색 점이 생기기도 합니다. 병충해로 오인할 수 있지만 고무나무 종류 대부분 발생하는 자연스러운 현상으로 생장에 문제되지 않습니다. 남향 창가에서 1~2m안쪽으로 들여놓으면 흰색 반점 없이 예쁘게 잘 자랍니다.

◇ **Temperature - 21~25°C**

온도　　　생육 적정 온도는 21~25°C로, 최저 13°C이상은 유지해야 합니다. 겨울에는 거의 성장하지 않기 때문에 물 주기를 깜빡하면 이파리가 말라서 후두둑 떨어질 수도 있어요. 실제로 2~3주 정도 물을 못 줘서 이파리가 한 장도 남지 않은 상태가 된 적이 있는데, 물을 꾸준히 다시 주니 봄에서 여름까지 4개월이 채 안 되는 시간에 언제 그랬냐는 듯 처음처럼 다시 풍성해진 경험이 있습니다. 만약, 영양제를 준다면 한창 성장기인 봄부터 여름사이에 주면 좋아요.

💧 Water - Weekly

물　　　물을 좋아하는 식물이지만 흙이 항상 젖어 있는 건 좋지 않아요. 물을 줄 때는 흙이 전부 젖을 만큼 충분히 주고, 겉흙이 말랐을 때 다시 주는 것을 반복합니다. 성장이 거의 멈추는 겨울에는 그 주기가 더 길어야 하니, 속흙까지 말랐을 때 물을 주세요. 평소 일주일에 한두 번 줬다면, 겨울에는 7~10일에 한 번이면 충분합니다. 습도가 높은 환경을 선호하는데 우리나라의 실내는 건조한 편이므로 잎 주변에 수시로 물 스프레이를 뿌려주거나 물수건으로 잎을 닦아주면, 이파리에 쌓인 먼지도 제거하고 광합성에 도움을 줘 더 건강하게 키울 수 있답니다.

☺ Pet - Attention

반려동물　　　움벨라타도 대부분의 고무나무처럼 잎과 줄기를 자르면 하얀 수액이 흘러나옵니다. 사람이나 반려동물이 섭취해도 거의 무해하지만, 독성이 전혀 없는 것은 아닙니다. 어린아이나 반려동물이 잎을 뜯어 먹는 버릇이 있다면 손이 닿지 않는 곳에 놓아 두세요. 수액이 바닥에 떨어지거나 옷에 묻으면 바로 닦아내고 세척하는 것이 좋습니다. 끈적이다가 굳어 버리기 때문에 마른 뒤에는 지우기 더 어려워요.

☠ Pest - Strong

병충해　　　병충해에 강한 편이지만 '응애'와 '깍지벌레'가 생길 수 있으니 방제에 신경 써야 합니다. 약국이나 원예상에서 깍지벌레 방제용 약을 구입해 연하게 희석한 뒤 한 달에 한 번 뿌려주거나 '님오일(Neem Oil)'을 뿌려주는 것도 예방에 도움이 됩니다. 벌레가 생겼을 때는 제거가 우선이에요. 양이 적으면 닦아내고, 많은 경우 피해입은 잎과 줄기를 모두 제거하는 것이 가장 좋습니다. 응애는 고온 건조한 환경에서 번식하기 쉬우므로 피해 부위를 빠르게 제거해 다른 잎으로 옮기지 않도록 막아 줍니다.

○   Repotting - Easy

분갈이 배수가 잘 되는 흙에 심어야 관리가 수월합니다. 분갈이 시 배양토에 마사토를 10~20%정도 섞어주세요. 새잎은 가지 끝에서 나오고, 오래된 아래쪽 잎은 자연스럽게 말라 떨어지는 것이 정상이니 잎이 시들었다고 놀라지 마세요. 새잎이 잘 나면 잘 자라고 있다는 증거입니다. 잎이 노랗게 변할 때는 과습일 가능성이 높습니다. 화분 속 흙이 잘 말라 있는지 확인 후 물을 흠뻑 주는 것을 반복하면 큰 문제없이 키울 수 있어요.

Dracaena

드
라
세
나

우아한 선

드
라
세
나

가끔 신혼부부를 손님으로 맞이하는 날이 있습니다. "요즘 인테리어의 마지막은 플랜테리어라고 하던데…" 말하면서 흔하고 풍성한 열대 식물이 아닌 '여백의 미'가 있는 식물을 찾는 경우가 있어요. 식물을 많이 키워보지 않았을 테니 무난하게 돌볼 수 있어야 하고, 그래도 예쁘긴 해야 할 때 저는 주로 드라세나 속(屬) 식물을 추천합니다. 개인적인 시각에서 봤을 때, 공간을 우아하게 만들어주는 식물을 꼭 하나 골라야 한다면, '키 큰 드라세나 마지나타'가 1등이라고 생각합니다. 실내에서도 키가 크게 자라는 식물이라 천장이 높고 넓은 공간에 있을 때 비로소 그 매력이 돋보이는 것 같아요. 자유롭게 뻗은 줄기가 자연스러운 아름다움을 뽐내고, 뾰족한 잎이 강인한 매력을 더하거든요.

드라세나 속에는 다양한 품종이 있습니다. 우리가 잘 알고 있는 콤팩타, 행운목, 개운죽도 드라세나 속에 포함돼요. 모두 키우기 쉬울 뿐만 아니라 비슷하면서도 각자의 독특한 매력을 지니고 있어 이름에 '드라세나'가 들어가면 고민없이 키워도 좋다고 말할 정도입니다. 앞에서 언급한 NASA선정 공기정화식물에도 많은 드라세나 속 품종이 있어요. 기능적으로나 미적으로나 어느 하나 빠질 것 없는 식물이죠.

국내에는 오래전부터 수입되어 작은 사이즈부터 키가 몇 미터에 달하는 큰 화분까지 내 공간에 맞는 다양한 크기와 품종을 구할 수 있습니다. 또한 절엽으로도 많이 유통되어 꽃시장에서도 심심찮게 볼 수 있어요. 저는 예전에 절화 시장에서 산 '드라세나 와네키Dracaena Warneckii'를 화병에 꽂아 두었다가 뿌리가 나서 화분으로 옮겨 심은 적이 있습니다. 친근한 듯하지만, 아직 드라세나 속 식물을 모르는 분들도 많을 거예요. 어떻게 보면 바로 이 점이 이색적인 풍경을 연출하기에 좋은 장점이 됩니다.

밝은 노란색 잎을 가진, 줄기가 유독 자연스럽게 구부러지는 품종인 '드라세나 송오브인디아Dracaena Reflexa'는 서정적인 느낌마저 드는 아름다운 수형을 가졌어요. 드라세나 속은 빛이 사방에서 골고루 들어오는 곳에서 키울 때 직선으로 자라지만, 빛이 한쪽으로만 들어오는 곳에서는 줄기가 그 방향으로 쉽게 기울어집니다. 이런 특성을 활용해 다양하고 매력적인 수형을 만들 수 있어 같은 모양의 드라세나는 찾기 어려울 정도예요. 크기가 클수록 선이 아름다워 공간에 포인트가 되는 식물로 자랍니다. 하지만 작은 화분의 형태는 거의 동일합니다. 드라세나를 가정에 들이고 싶다면, 원하는 사이즈보다 조금 작은 아이로 시작해 보세요. 집에서도 키가 쑥쑥 크고, 빛의 방향에 따라 자기만의 특색 있는 모양을 만들어가는 모습을 지켜볼 수 있을 거예요.

Plant bio.
Dracaena

드라세나는 백합과(Lilianeae) 드라세나 속(屬)의 총칭으로, 약 50여 종이 있습니다. 대부분의 종은 아프리카, 아시아 남부에서 오스트레일리아 북부에 이르는 지역까지 넓은 범위에 걸쳐 자생하지만, 2종은 중앙아메리카 열대 지역에 분포합니다. 자생지에서는 보통 4~5m까지 크는 편입니다. 국내에서는 높이 2~3m에 달하는 화분용 식물을 어렵지 않게 구할 수 있어 큰 나무를 주로 활용하는 빌딩 로비나 층고가 높은 상업 공간에 자주 쓰입니다.

드라세나는 대부분 잎이 좁고 긴 형태를 가지고 있습니다. 새잎은 중앙에서 자라며 가장 오래된 아래쪽 이파리가 노랗게 변하면서 말라 떨어지면 줄기가 점점 길어집니다. 잎이 떨어진 자리에는 마름모 모양의 흔적이 남으면서 드라세나의 매력이라고 할 수 있는 줄기 모양이 만들어져요. 대표적인 관엽식물로 여러 종이 유통되고, 절엽으로도 꽃다발에 많이 쓰입니다.

How to care
Dracaena

◇　　　Light - Indirect

빛　　　밝은 실내에서 잘 자랍니다. 여름철 강한 햇빛에는 잎이 타는 경우가 있으므로 그늘에 두는 것이 좋습니다. 반면, 겨울에는 좀 더 밝은 곳에서 빛을 잘 받도록 해야 아름다운 색이 유지됩니다. 경험상 색이 밝거나 독특한 무늬가 있는 품종은 더 밝고 따뜻한 곳에 두어야 색을 잘 유지하더라고요. 물꽂이나 꺾꽂이를 한 경우에도 밝고 따뜻한 곳에 두면 뿌리를 잘 내립니다.

◈　　　Temperature - 20~25℃

온도　　생육 적정 온도는 20~25℃이며, 최저 8℃에서도 버틸 수 있습니다. 하지만, 무늬종이나 신품종은 15℃ 이상의 온도에서 잘 커요. 밝고 따뜻한 곳을 좋아하는 식물이기 때문에 겨울에는 따뜻한 장소로 옮겨 주는 것이 안전합니다.

💧 **Water - Weekly**

물   다른 관엽식물에 비해 물을 자주 주지 않아도 괜찮습니다. 분갈이할 때 배수가 잘 되도록 마사토를 20%정도 섞어주면 좋아요. 물을 줄 때는 충분히 주지만, 젖어 있는 상태에서는 더 주면 안 된다는 거 이제 아시죠? 식물이 과습하면 뿌리가 물러지고 썩어서 죽는 경우가 많습니다. 드라세나도 과습에 약한 식물입니다. 과습 시 이파리가 노랗게 변하거나 많은 양의 잎이 갑자기 마르면서 후두둑 떨어집니다. 이때 물부족이라고 잘못 판단하여 물을 더 줄 경우, 돌이키기 어려운 지경에 이를 수 있습니다.

고온 다습한 환경을 좋아하는 식물로 공중 습도를 높게 유지해야 합니다. 건조한 환경에서는 얇고 가느다란 잎끝이 잘 말라요. 드라세나 종류를 키워 보신 분들이라면 한 번쯤 경험해 보셨을 텐데, 잎끝 마름이 잦은 식물입니다. 관상 가치를 떨어뜨리지 않고 이파리 전체가 싱그럽게 보이려면 공중 습도를 높여주세요. 가습기를 활용하거나 물 스프레이를 자주 분사하는 것이 효과적입니다.

☺ **Pet - Attention**

반려동물   잎에 독성을 지니고 있어 다량 섭취 시 구토나 동공확장, 식욕부진이 생길 수 있습니다. 소량 섭취의 경우 헛구역질이나 약간의 구토를 유발합니다. 반려동물이 잎을 뜯어 먹는 버릇이 있다면 배치에 신경 써주세요.

☠ Pest - Caution

병충해　키우기 까다로운 식물은 아니지만, 공중 습도가 낮은 상태가 계속되면 이파리 사이사이에 '흰솜깍지벌레'가 생기므로 자주 살펴보는 것이 좋습니다. 처음 발견했을 때 바로 닦아내고 해충제를 사용해야 크게 번지지 않아요. 건조할 경우 '응애'도 생기기 쉬운데요, 특히 겨울에 난방을 틀어 놓는 건조한 실내라면 자주 살펴봐야 합니다. 응애는 건조한 환경에서 쉽게 번식합니다.

❋ Propagation - Easy

번식　중앙에서 새잎이 나오면 오래된 아래쪽 이파리는 자연스럽게 떨어집니다. 새잎의 색이 어둡다면 좀 더 밝은 곳으로 옮겨주세요. 생장점이 줄기 끝의 중앙에 있기 때문에, 줄기를 자르면 그 아래에서 몇 개의 새 줄기가 뻗어 나옵니다. 잘라낸 부분은 물에 담가 두면 뿌리가 잘 납니다.

취미는 식물

1판 1쇄 발행 2022년 10월 31일
1판 2쇄 발행 2023년 12월 14일

지은이	권지연
사 진	최재원

펴낸이	김기훈
기획 및 편집	권지연
교정 및 윤문	임재원

디자인	studio gomin
인쇄 및 제책	청산인쇄

발행처	김반장스튜디오
출판등록	2022년 9월23일 제 2022-000078 호
주소	서울시 성동구 서울숲2길30 나동203호
메일	kimbanjangstudio@gmail.com
인스타그램	@kimbanjangstudio

ISBN 979-11-980398-0-4(03590)

 김반장스튜디오는 재미있는 시간을 보내며 삶을 채워나가길 바랍니다.
이 책은 저작권법에 따라 보호받는 저작물이므로 무단 전재와 무단 복제를 금합니다.